美国大学指南丛书

HOW TO SUCCEED IN COLLEGE

走向卓越

美国大学学习指南

［美］乔恩·B. 古尔德 著

刘显蜀 译

商务印书馆 创于1897 The Commercial Press

2017年·北京

图书在版编目(CIP)数据

走向卓越:美国大学学习指南/(美)乔恩·B.古尔德(Jon B. Gould)著;刘显蜀译.—北京:商务印书馆,2017
(美国大学指南丛书)
ISBN 978-7-100-12383-9

Ⅰ.①走… Ⅱ.①乔… ②刘… Ⅲ.①高等教育—美国—指南 Ⅳ.①G649.712-62

中国版本图书馆CIP数据核字(2016)第160090号

走向卓越
美国大学学习指南
〔美〕乔恩·B.古尔德 著
刘显蜀 译

商 务 印 书 馆 出 版
(北京王府井大街36号 邮政编码100710)
商 务 印 书 馆 发 行
北 京 冠 中 印 刷 厂 印 刷
ISBN 978-7-100-12383-9

2017年1月第1版 开本880×1230 1/32
2017年1月北京第1次印刷 印张5⅞
定价:25.00元

献给迈克尔和埃米莉

感谢你们让我每一天学到更多

目　录

致　　谢

有多少人在中学毕业将近三十五年之后，还与自己读七年级时的社会学老师保持着固定联系？我本人则有幸得到过好几位优秀的老师的培育和教导。在我的社会学老师查克·迈耶斯影响下，我开始关注身边的世界，并对时事越来越感兴趣。他像所有的好老师一样，促使我从不同的视角看待事物，用他那不动声色的幽默感鼓励我进一步探索。我时常在想，如果没有他，我是否会取得今天的成绩。幸好我遇到了这位好老师，而不必忧心于这个问题了。

如果没有得到几位杰出老师的教诲和影响，我不会像今天一样也成为一位称职的老师。除了查克老师以外，H. W. 佩里、金·谢珀尔以及加里·罗森伯格早早让我领略到了优秀的大学教授的风采。他们后来都成了我的良师益友。我写的第一本书也要归功于加里教授的精心指导。我的前任老板兼毕洛伊特学院的上一届校长维克·费拉尔致力于人文科学的发展，他本人也是高等教育如何成就人的一个典范。

我的姻亲马琳和哈斯克尔·斯普林格在退休前都是大学教授。在他们的影响下，我认识到出色的教学水平与有意义的学术研究能够相得益彰。我的父母培养了我的探索精神，他们非常乐于看到我从事教学,并且给我提供了热忱的帮助。有一次,我的一个学生在下课后来拜访我的母亲,给她看了最近一次打了分的论文卷子,并开玩笑一般地请求她:“你能不能让你的儿子给我打分时更仁慈一些呢?”我的母亲拿过卷子,扫了几眼我在试卷背后写的评语,带着讽刺的笑容对那学生说:“你好像应该多花点儿时间准备下次考试,少花点儿时间抱怨这次的分数。”显然了,母亲给了我很大的影响。

我有幸在好几所大学里教过书。我非常感谢我的同事们,他们帮助我改进教学,也为本书提供了很多素材。要感谢的人太多,我不能一一给出他们的名字,但是有两位教授是不能不提的,他们就是詹姆斯·威利斯教授和德文·约翰逊教授,二人都是我在乔治梅森大学的同事,并且都获得了学校的教学奖。无论他们如何谦虚地否认,他们都是高校教授的楷模,令我受益匪浅。

本书的付梓离不开很多人的帮助。我感谢芝加哥大学出版社的匿名审稿人,他们为书稿提供了很多有用的评价和建议。约翰·吉利奥姆是我最喜欢的学者,他在本书的写作过程中提供了宝贵的支持和反馈。相信他(以及他心爱的小女儿)会因为我在书中提到了哈弗福德学院而感到很开心。我还要感谢芝加哥大学出版社的几位工作人员:玛丽·吉尔为本书进行了出色的编辑工作,丽兹·费希尔为本书进行了市场推广工作,罗德尼·鲍威尔更是一直在校对方面付出努力。

我还要感谢我的好友、芝加哥大学出版社的编辑约翰·特里耐斯基,这本书的付梓离不开他的洞见和指引。约翰在大学出版界广受尊敬、获赞无数,我认识的人中没有出其右者。我曾与约翰一起参加过法律与社会协会的年会。我同他谈起了我当时的一个“问题学生”,这个学生很聪明也很用功,但是好像总是不明白教授对他的要求。随着我们谈话的深入,约翰看着我,提出了一个有预见性的挑战问题:“我在想,你可不可以写一本这方面的书呢?”

我要很欣慰地告诉大家，上面说的那个学生现在是一名执业律师，而本书，当然了，也如愿付梓。后者真的离不开约翰的指引、反馈、支持，以及在写作与我生活的其他方面产生冲突时为我提供的帮助。关于怎样更好地思考和写作，我从约翰身上学习到了很多东西，但更重要的是，我从他那里学会了如何正确地对待他人。如同我在本书中反复提到的，大学生活中一些最重要的经历是在课堂之外发生的。就我自己而言，与约翰·特里耐斯基的友谊最令我获益匪浅。

当然了，我生命中最重要的支柱是我最大的支持者、生活中的爱侣——安。我深知如果没有安，我就不会取得成功。对于她所做的一切，任何语言都不能充分表达我的感激之情。生命之旅中，你一定要寻找那个给你带来欢笑、活力和生活乐趣的那个人。他或她促使你用其他的角度看待事物，无论生活中发生了什么，始终与你相伴，让你不断提升自己。如果你幸运地找到了这样一个人，请一定不要错过，共同度过生命之旅。

前言

我最爱新学期伊始了。我喜欢在第一节课踏上讲台,注视那一张张兴奋的面孔。学生们经过了充分的休整,迫切地想要学新知识,对新学期充满了期待。对于大多数学生来说,他们会过得不错:按时上课,阅读相关书目,参与课堂讨论,好好考试和写论文。只要这样做了,他们的最终成绩,如果不是非常优秀,也会是令人欣慰的。

然而例外总是不可避免。每学期末,至少会有一个失望的学生来办公室找我,哀怨地解释为什么他没有表现得像自己预期的那样好。这样的见面让我和学生都非常怵头。学生总爱说"假如":"假如我早点开始写期末论文","假如我复习的时间长一点儿",或者"假如我不是忙着社团招新的事",那么就能考得更好,学得更多。我当教授已经十几年,这种话听了着实不少。尽管我很同情该学生的境遇,但是言归正传,我在开课时就提醒学生:"你们的成绩取决于学习本课程的实际表现,而不是你们能够做什么、应该做什么,或者在另外的情形下会做些什么。"

在教室走廊或教师休息室里,我常会和同事谈及这类学生,并且感慨万分。"如果这个学生早点掌握更好的学习方法,就能取得好成绩了。""如果那个学生读懂了试题要求,就能得高分了。"我们惋惜地说。负责任的老师不想看到学生苦苦挣扎，但是我们在私底下聊天时，总讶异于为什么有些学生把自己弄得那么痛苦。学术生活不应该是神秘的，但还有许多学生上大学来却弄不清楚自己应该做什么，或者没有准备好迎接新的挑战。

这些问题的存在让人颇为惊讶，因为在美国，为孩子上大学做准备已形成一种家庭式工业。在择校方面就有非常多的指导书籍，任何一个有志于上大学的高中生对此都不陌生。关于择校和录取，我知道的书就有将近五十种。然而，针对大学新生的指导书籍则少之又少，何况其中一部分多以戏谑的口吻介绍"大学生活究竟什么样"，比如如何选择室友，校园社团轶事，或者校园中"最适合搭讪场所"。另一部分是关于学习的，但是数量非常有限，主要分为两类：一类多由往届学生提供，不是以严肃的态度对待学习的，多关于怎样为考试突击准备，或者从哪里能找到往年考题；另一类则由主要研究教学法的老师写就，尽管这些书会吸引一些学生，但其主要受众是希望改进授课方法的大学教授。

这些指导书中，出自给学生授课和打分的教授本人的可谓凤毛麟角。毕竟是教授们从事着一线教学工作。讲课的是我们，向学生提供建议的是我们，学生毕业时给他们写推荐信、真诚祝福他们取得成功的，还是我们。同时，我们也认识到课外活动的重要性，因为毕竟对很多学生而言，大学里的挑战并不仅来自学术方面的要求，也体现在学会以成年人的身份经营好自己的生活。许多大学生要应对他们在高中时期未曾经历的各种挑战：没人告诉他们什么时候学习、要学多长时间、学到什么程度，需要自己掌握学习和娱乐之间的平衡；如何与素不相识的人一起生活；有些情况下，需要自己给自己做饭、洗衣服和打扫卫生；如何完成大量的阅读和写作（其中有些艰深难懂，需要更强的理解能力）；还有就是，上大学费用不菲，四年下来可能要花掉学生或家长二三十万美元，如何尽可能充实地度过四年时光，这一点恐怕是最重要的。

关于本书

本书旨在从一个教授的视角还原大学的本来面貌。书中介绍了大学的各种学术要求、教师希望学生达到这些要求的目的，以及学生在课程中取得好成绩的具体方法。此外，本书还指导学生如何在学业、课外活动、工作任务和自由时间之间实现平衡。本书也许不能保证学生门门功课得高分，但是只要阅读本书并按照书中建议去做，学生就会为课程学习做好更充分的准备——从入学第一天起便做好准备，最大限度地利用好自己的时间和金钱。本书内容包括：如何找到讲课生动有趣的好老师；选择课程和专业的方法和时机；怎样提高记笔记的技巧和阅读能力，以便更好地掌握课上内容；考试都有哪些类型，老师的要求又是什么；怎样把论文写好，包括怎样避免常见的错误；遇到问题后，什么时候去寻求帮助；以及如何利用校园里鲜被开发的资源（很多学生对此并不了解）。

总而言之，本书是为学生和学生家长准备的，目的是为他们掀开大学神秘的面纱，从大学教育投入中取得最大的收获。若有人突然把他的储蓄金交给你做一个为期四年的投资，那么在投资之前，你一定会研究一番备选的投资方案。这就是大学咨询业务存在的原因。一旦你参加了 PSAT（学术能力初步评估测试）或 ACT（大学入学考试），就表明你有上大学的意向，会收到很多大学的手册和目录。为了选出一所心仪的学校，学生和家长一定仔细阅读了相关的指导书籍，甚至到学校实地考察。但当学生真正踏进大学校门时，大学生涯的挑战才拉开帷幕。这本书将提供一个良好的开端，让学生了解自己需要做什么。它会阐述大学里的学习过程,并提供有针对性的策略帮助学生获得优异成绩。我们都希望看到学生在大学全力以赴,取得最大的收获。这本书会有助于学生实现上述目标,并且喜欢大学生活。

关于作者

在大学里,我们要教会你们诸多内容,其中一项是认识到批判性思维的重要性。在课堂上,我们会经常提问你:“为什么应当相信这位作者的话?”对于本书,你们也应该采取同样的态度,毕竟你们并不了解我。二十年前上过同一所大学的长辈一定给过你不少建议,你觉得都是陈词滥调并不可取,那么为什么我的建议要更高明?当有任何人想要给你有关大学的建议时,无论是选学校、选课还是选专业,你都要问问自己这几个问题。

我担任教授已经将近二十年时间,曾经在不同岗位任职,包括芝加哥大学的法学讲师、毕洛伊特学院圣何塞州立大学政治学讲师、乔治梅森大学的教员,现在华盛顿的美利坚大学担任公共事务学教授。我曾经担任过研究生助教、兼职讲师、特聘教授,现在是一名终身教授。我曾在多个不同环境中授课:有文理学院的小型研讨会,有数百名大一学生听课的大课堂,也有供学生用实际经验检验课堂理论的实践课程。我的教学质量也获得了认可:曾在学术期刊上发表有关高校教学的文章,还曾经获得一项大学教学奖。通过教学实践,我发现了哪些内容更为重要:学习技巧帮助学生理解并记住信息,应试策略帮助学生做出最佳的试题答案,对大学生活的总体引导则使学生从教育中获得最大收益。

我的建议值得信任的另一个原因是我乐于分享。很少有教授愿意花时间与学生探讨课堂学习成功秘诀,更别说学业的成功了。我猜想，一些老师认为大学的学习诀窍显而易见，“他们在高中都学得很好，要不然也不会来到这里”，我的一些同事这样评价他们的学生，“他们早就应当知道该做什么——完成阅读作业、来上课、记笔记、考前复习。”当然，这些都是大学生成才的必要因素，但仅仅做到这些是不够的。我的一些同事没注意到的是，对于绝大部分大学生来说，上课只是大学生活的一个组成部分。学生们来到大学的时候，花费了家里的金钱，也背负了全家的厚望，需要权衡多种新的责任角色，也需要面对陡增的压力。我们作为教职员工，有时会舍本逐末，专注于教学大纲中的材料，而忽视了与学生分享他们在大学应当掌握的技能和经验。教授们对此都有所体会——毕竟，这也是要由全体教员共同编写课程的原因。但我们想当然地认为，学生和我们一样能够轻而易举地理解他人的殷切期望。

本书的结构与内容

本书将告诉你一些关于大学的奥秘——老师们心知肚明、但有时不愿公开分享。这是一本值得放入书架收藏的好书，会指引你在大学生活中的求索之路。本书共分六个章节。第一章将介绍大学的概况、它与高中的不同之处以及它对你的期望。这一章还将介绍负责教导工作的师资情况、描述你将遇到的不同类型的导师、他们所起的作用、他们的强项和弱项，同时教给你一些识别良师的小技巧。掌握了这些，初入校门的你将信心十足，清楚找好自己的起点。

第二章是对学术课程的介绍，帮助你了解哪些课程必选、确定哪些课程想选以及二者之间如何平衡。这一章还将提供与课程和专业选择有关的技巧，给出切实可行的建议，帮助你选择实用、有趣并且引人入胜的课程。

第三章将帮助你为上课做好准备:课程设置的目的是什么、如何进行阅读、怎样积极参与课堂讨论、如何理解掌握课程要求。或许你认为经过了高中的历练,早已经了解了如何做到这些,但其实大学的预期目标更高、更多样,是前所未有的挑战,需要另辟蹊径才能实现。

第四章和第五章分别介绍了考试和论文,旨在帮助你了解教授对你的要求,并告诉你如何努力完成这些任务。此外,这两章还概述了有效学习和写作的策略,包括如何安排时间,并且列举了需要避免的典型问题。

第六章旨在帮助你克服大学中可能出现的学业方面或个人生活方面的困难。几乎每所大学都为有需要的学生提供了帮助措施,前去求助并不丢人。真正的悲剧是眼看着学生在漩涡中挣扎,一步步滑向失败的深渊;其实只要给予一点点干预,他就会迈向成功。这一章介绍了校园中哪些机构可以提供帮助,或许更为重要的是,介绍了出现哪些迹象时需要去寻求帮助。最后,从上大学的最终目标着眼来看待大学——这一目标可以是找到一份令人兴奋的好工作、也可以是进入研究生院深造,都是我们最终要送你们前往的那个广阔的"真实世界",而仅仅依靠自己的力量或许无法适应状况频出的现实生活。因此,这一章针对这一转变给出了建议,包括如何善加利用师资力量和大学资源来完成这一飞跃。而对于那些学术生涯尚未结束的学生,或者未来希望回归校园参加培训的学生,本书也给出了为研究生院着手准备的建议。

我想在开篇便告诉大家,本书的目的并不是为成功完成大学学业提供"答案"。如果有人宣称自己的建议放之四海而皆准或者独一无二,那么你要小心审视。撇开其他不谈,上大学的目的之一是学会批判性思考,我也鼓励你们去思考、去质疑本书中所给的建议。我在这一领域的研究已经进行了一段时间，相信本书中的建议会对你们的大学生活有所帮助，但仍然期望你们通过切身体会加以判断。从现在开始珍惜时间、尽可能丰富充实地度过难得的大学时光吧！

第一章　欢迎辞

为什么上大学

四十多年前，美国有 2 329 所学院和大学，平均约每 85 000 名美国人拥有一所高等学府。如今，美国高校的数量超过 4 000 所，每 75 000 人便享有一所高等学府。四十年间，二十五岁以上受过大学教育的美国人数量增长了三倍，达到了 28%[1]。民权运动初期，大学一年级新生中不到 5%为非裔美国人。2007 年，该比例增至 13%，基本上与非裔美国人占美国总人口的比例一致[2]。尤其要说明的是，接受大学和研究生教育的女性的数量达到了历史最高纪录。除了博士生教育，女性接受各个层次高等教育的人数都超过了相应男性的数量[3]。

很多迹象表明，如今美国的大学更加具有包容性。为了上大学，你不一定要很有钱或有关系，这和过去不一样了。如今，公立大学的录取率达到 75%，这不难理解，因为公立院校的学费更加便宜[4]。美国的高等学府也吸引着全世界的学子。教育部数据显示，美国院校录取的留学生数目不断增长，在 2007—2008 学年，这一数字达到了 60 万，为历史最高。美国国务院的一位代表称："在如今的国际竞争环境下，录取人数的增加……再一次表明美国仍然是留学生的首选。”[5]

这令人颇为欣慰。但对于即将步入大学的你而言,一个更为迫切的问题是大学是否适合你本人。为了获得成功,你是否非需要大学学位不可?大学教育究竟有多大的价值?关键是要把这两个问题区分开来。一纸大学文凭并非事业成功不可或缺的条件,而这会与绝大多数高中里的升学辅导老师告诉你的恰恰相反。大学文凭更像多种维生素剂。仅服用维生素一定能防止你感冒吗?答案是否定的。维生素本身没有那么大的作用,但是有助于预防感冒。

多项普查结果显示,受过大学教育的人的收入水平要高于没有上过大学的人。根据最新调查数据,他们的收入水平是 2∶1。受教育水平差距越大,则收入差距越大。2005 年的调查数据显示,“具有学士以上学位的员工年平均年收入为 74 602 美元,而不具有高中文凭的员工(年平均收入)为 18 734 美元。”[6] 但这些数据有可能掩盖一个事实,即能上大学的人总会脱颖而出。正如一位评论家所言:“把有能力上大学的人在小房间里锁四年,他们出来后还是要比那些没有能力上大学的人取得更多的收入:因为他们更加聪明、有上进心,家庭背景也更好。”[7] 我们社会当中有几位富有的成功人士,他们都是当年从大学辍学并自行创业起家的:比尔·盖茨创造了微软,拉里·埃里森与他人一道创建了甲骨文,史蒂夫·乔布斯一手创建了苹果,迈克尔·戴尔则创立了以自己名字命名的电脑公司。他们都没有大学文凭,但都获得了巨额财富。如果你有上进心和冒险精神,又能拿出成功的商业计划,那么也许你不需要大学文凭。

然而我认为以上情况仅适用于极少数年轻人。对大多数人而言,大学文凭是许多高收入工作不可缺少的条件。水管工和汽车修理工收入可观,电工和计算机技术人员供不应求,但是除非你已准备好通过自己创业的方式来赚取收入,大多数高收入工作还是需要大学文凭的。

我不喜欢把金钱收益作为上大学的首要理由，但不可否认的是，上大学需要很多钱。2007 年，美国私立大学的平均学费是 2 万美元/年，公立院校则是 6 000 美元多一点。[8] 四年下来，上大学的钱足以购买几辆豪车，或支付一幢房子的首付。这样算来，当然要看花那么多钱上大学是否值得了。

大学为什么值得上

我当然认为大学值得上，但我们不能对大学进行现成的成本—收益分析。我们不是在卖汽车，我们致力于一个关乎希望的事业。这个说法来自我的岳母，她曾是一所大学的校长。当然了，奥巴马总统谈起过“无畏的希望”，“对于未曾见到的事物的信仰，对未来更美好生活的信仰”。[9] 这些说法很适合政治，但是也适用于美国的高等教育。

每个大学新生都是怀着对更美好生活的向往而步入大学校园的。对有的学生而言，它意味着金钱，这类学生首先会考虑有了大学文凭后能多赚多少钱。有的学生希望能提高社会地位，大学生能够进入白领阶层，这比他们所熟悉的生活更具有吸引力。对另一部分学生而言，大学关乎技能培养、掌握更好的思考和交流的方式。还有一些学生认为大学能够开阔眼界，丰富阅历，能够让他们通过学习接受新的思想，以及通过与不同种族的同学在一起生活而获得成长。这些动机并不相互排斥，大多数学生都是带着多重目标来到大学的。我们教授也明白这一点，即便我们更愿意认为学生们是纯粹出于求知欲来上大学的。

“希望”这个词是否过于幼稚，或者更糟糕的是，带着精英主义的色彩？答案正好相反。在纽约港，矗立着为我们的许多移民祖先指引了前进道路的自由女神像。雕像的底座上刻着埃玛·拉扎勒丝的诗句:“送给我,你受穷受累的人们,你那拥挤着渴望呼吸自由的大众。”美国是一个诞生在希望上的国家,它希冀着梦想能够创造出更美好的未来。美国高等教育也是和希望有关,那就是希望获得想要的生活,这种生活卓有成效、充满意义,甚至体现在物质上的回报。大学带有精英主义的色彩,但其中原因可能与你想象的不一样。我们并不是身穿软呢外套坐在象牙塔里,一边品着雪利酒,一边嘲笑着无知无识的芸芸众生。好莱坞那些粗制滥造的电影就是这么刻画的。与此相反,我们积极努力地发掘生活最好的一面:通过深入了解人们的行为,让生活变得更有意义;通过科学和医学上的发现改善现有状况;通过有意义的互动来增强个人的洞察力,等等。

当然,在人类的需求阶梯上,教育并非第一要务,而是排在食物、水、安全和归属感这些基本需求之后的。但是在文明开化的社会里,人们更高层次的需求会得到关注。这些需求包括自尊心和成就感,而教育和这两者是密切相连的。大学能够让人实现成长,掌握技能,从自己具备的能力中获得自信,为过一种充实有趣的生活做好准备。在一项针对大学毕业生的全国问卷调查中,百分之八十九的人认为大学教育“物有所值”[10],这也就毫不奇怪了。一位毕业不久的大学生说,“懵懂少年成长记”正是大学经历的价值所在。

条条大路通大学

当然了,并不是人人都适合上大学。对于高中阶段成绩欠佳的学生来说,来自传统的四年制大学的学术要求首先是一个严峻的挑战。如果你缺乏刻苦学习的精神和上进心,就会浪费自己所交的学费。或者你干脆认为,把四年大好时光花在教室里和书本上像是一种惩罚。然而在你生命中的某一刻,你可能会想要知道:“一切就这样了吗?”工作、朋友和家庭构成了你的生活内容，一切看上去都称心如意。但随着时间的流逝，你可能不愿意安于现状，感觉自己被封闭了，想要拓展自己的视野。这就是体现大学价值的时候了。在希望和好奇心的驱使下，你也许会在自己所从事的领域内选一门课来试试水，或者转而从事一份全新的事业。所谓希望，即想要拓宽事业的多重可能性；所谓好奇心，即想要探究新的想法。在你为更好的生活进行规划时，二者都是不可或缺的。

上大学有多种途径，而高中毕业后上大学只是其中最直接的一种。即使你认为自己没有准备好应对大学的学习生活——研究表明，被大学录取、但是能力不足的学生数量多得令人尴尬[11]——上大学还有其他的途径。有的学生先上社区大学，在奠定了坚实的学术能力的基础上进行转学。有的学生利用大学里提供写作和学习技能培训的机构来提升自己的相关能力。这两种和其他的途径，在第六章里会详细介绍。在这里我暂且表明这样一个观点，那就是任何一个有上进心、好奇心和愿意刻苦学习的人都可以上大学。大部分学校都提供各种助学金，而阻碍一个人上大学的真正障碍是缺乏自律和专注的精神。

大学与高中的区别

如果你被大学录取了，尤其是在升学竞争激烈的情况下，那么你在高中里很可能是一个成绩优秀的学生。这种情况最好不过了，因为你在大学里几乎也会同样游刃有余。但大学和高中有许多不同，表现在社会关系方面的调整：独立生活（如果你上的是寄宿制大学），学校也有可能离家很远；有什么需求要自己解决；交新的朋友，等等。你在校园里留心一下，会发现大学同学和你的高中同学看上去也不一样。如果学校招生部门的工作做得好，你的大学同学是一个多元化的群体,大家来自不同的种族,家庭背景和思想观念也各不相同。生活在这样一个多元化的群体中是大学生活的一个独特挑战。

最重要的一点可能是大学的学习生活和你所适应的高中生活大不相同。首先,你在教室里度过的时间要比高中少得多。大多数高中生每天要上大约六小时的课。当然,你会有一些闲暇时间,但总体而言每周大概有三十个小时出入于不同的教室或教学楼。而在大学里这个时间会减少一半。大多数大学生每学期会修 12 到 18 个学分。学分表示一个学期内一门课每周的课时。例如 15 个学分意味着每周上 15 个小时的课,如果你每天都上课,那么每天的上课时间就是 3 个小时。通常你需要把课时平均分配到各个学期里去,以便四年后如期毕业。

许多大学生(好吧,不得不承认还有一些大学教授)会调整自己的课程表,尽量把周五的课安排到其他时间。但是即便你每周四天里上 15 个小时的课,每天的上课时间也不到 4 小时。你知道 8 小时工作制吧?你每天的上课时间还不到它的一半,而且还不是一周五天都上课的。

现在我已经听到家长们的惊叹了:这每周剩余的 25 个小时,够孩子们开多少派对啊!但情况并非如此。按照大学的课程设置,学生为了完成课堂上的 1 个小时的学习,需要在课下准备 2 个小时。课下准备包括阅读、写论文和复习。如果学生每周上 15 个小时的课,他需要 15 到 30 个小时来做课下准备,则每周花在学习上的时间一共是 30 到 45 小时。这样一来,大学立刻看上去等同于一份全职工作了。但是大学和工作以及高中还不一样,那就是大学生有自行安排时间的权力。如果你宁可玩一下午的“极限飞盘”后开夜车,这无可厚非。如果你想去先参加派对然后熬通宵写论文,亦未尝不可。任何一个受人尊敬的教授不会建议你这么做(我在后面的章节里会讲到),但我的意思是大学生拥有极大的自由度，可以按照自己的意愿安排时间。

然而这么做有一个问题：正因为你可以选择什么时候学习，或者在学与不学之间做出选择，如果你要摔跟头了，没有人会跟着你，并打开一张网接住你。在一些规模比较小的高校，教授会监督学生的进度，在学生落后的时候进行干预，但是没有人会强迫你完成作业，或者上课前把该看的材料都看了。而在规模比较大的大学里，教授们不会时时盯着你的表现，这一点是几乎可以肯定的。

但是这不意味着我们不在乎你的表现。恰恰相反，我们都希望看到你取得成功。但当一个班有上百名学生时，我们没有时间对学生一一给予关照，也没有义务承担你在大学里应担当的责任。如果你想逍遥度日，那是你的权力，但是期末你因为没来上课或没交作业而给自己带来了麻烦时，不要指望哪一个教授能救你。如果是学生生病了或家里出了事情，通常会被允许迟交；但是对自己不负责任就另当别论了。电影《动物屋》(*Animal House*)有一个场景，你们的父母应该都不陌生：约翰·贝鲁西扮演的角色因为GPA成绩为零而被学校开除。“七年大学生活化为乌有”，这一定不是你想要的结局，你的父母也一定不想看到这一幕出现。所以关于大学，你要知道的第一个挑战就是：一切取决于你自己。如果你按时上课，阅读资料并做笔记，按时完成作业，就有可能取得学业上的成功。但是我要再说一遍，一切取决于你自己。

关于教授

上大学后，你的老师也变了。高中老师以女性为主，只有所任教课程、甚至是其他课程的学士或硕士学位；大学教授以男性为主，并且获得了相应具体学科的博士学位。此外，依据具体情况的不同，高中老师可能需要参加额外的教育理论和实践课程,并获得一纸教师资格证书。对大学教授则没有这个要求。事实上,这是大学的一个小秘密:鲜有大学教授在第一次踏上讲台之前会受到关于如何备课的训练。

具体的情况依据学校的种类不同。小的文理学院以面授教学为特色,因而经常安排大量时间对新教师提供教学方面的培训。但是综合性大学就不一样了,它的魅力来自于覆盖广泛的学科和大名鼎鼎的学者,教授们有时直接从他们的博士生项目中抽出身来,匆匆奔赴教室,没人教他们怎么讲课,他们也没有时间去备课。这里面有双重原因。首先,在综合性大学,对教师的考评侧重于研究成果而不是教学成果。事实上,在教师晋升方面,大学很少将教学和研究成果相提并论。其次,高校倾向于认为新教授已经在自己的研究生学习阶段通过观察了解而掌握了教学的方法。这其中的逻辑当然不可靠,但是一些大学教师在备课方面所接受的训练确实有所欠缺。

我并不是说大学里教师的教学水平不高。很多教师因为对教学的过程发自内心地感兴趣,所以会琢磨有效的教学方法。有的教师是自然而然地掌握了方法,而有的教师所任教的大学本身就认识到了在教学艺术方面对师资队伍进行培训和指导的重要性。在大学里,有这样一个司空见惯的现象:大师们一方面因发表著作或论文而获得全国性大奖,另一方面,他们在教室里的表现往往乏善可陈。

这种现象是有原因的。高中老师除了教学工作以外,不需要面对做研究和发表成果的压力,而大学甚至许多文理学院要求教师开展研究并在学术方面做出贡献。正如我所言,这一条是许多大学的第一要务。大学在聘任年轻教师的时候,往往会采用终生教职制。教师入职后的五六年间,学校根据其表现决定是否对其进行永久聘任。被永久聘任的教师会获得诸多工作上的保护待遇,确保其在从事学术研究时免受外界纷扰。但是为了获得永久聘任的待遇，教授们必须花大量的时间做研究、写论文，并提交论文或书稿以供发表。

教师的职责

你一定听过“要么发表，要么出局”这个说法，意思是年轻教师要应对做研究和发表论文的压力，否则就不会得到晋升。而你可能并不了解这句话的适用范围。除了文理学院以外，大部分教授在一年内要发表两篇文章，或者在两到三年内出版一本书。高中生写论文时，只要援引诸多作者的结论即可。而大学教授必须形成自己的观点，或者提出新的发现。教授们需要做实验、做调查、读文献或提出全新的理论，并在三四十页的论文篇幅中展现自己的成果。但这仅仅是一个开始；教授们还要在行业杂志上发表自己的论文，这是整个发表过程中最恼人的部分。教授把文章交给杂志社后，首先由编辑审读，以确认文章是否为原创和具备发表价值。如果编辑认可该文章，就会联系两到三个匿名审稿人——通常是相应领域的其他教授——来阅读文章，审查文章的研究方法、研究成果和行文水平。为了保证文章发表，审稿人通常会对文章进行改动。这实际上是好消息，因为在大多数情况下，杂志社会拒绝发表这篇文章。那么作者就得重新来过，再联系其他杂志社。这个过程有点像出书，颇有实力的新作者必须经受若干次挫折，最终才能得到一家出版社的垂青。想想看，在你今后的职业生涯里，这样的事情要一年做两次，也不是那么轻松的，对吧？

千万不要误解我的意思。几乎所有的教授都热爱自己的工作。我们之所以选择了这一职业，是因为我们重视精神生活的价值，珍惜能够在感兴趣的领域从事研究并充分捍卫自己信仰的自由，也喜欢给学生上课和培训。但我们的处境并不像有些评论家认为的那样轻松愉快。虽然我们和学生一样可以调配自己的时间，比如可以选择在晚上十一点而不是下午两点开始攻克一篇文章，但工作量摆在那里，而且有逐年增加的趋势。就我自己而言，当教授比多年前从事律师职业更加忙碌，收入较之从前也大幅度减少。但是我还是愿意选择这一职业，而你在大学里还会遇到很多像我一样的老师。所以在你第一天上课，看到讲台上老师的脸时，请记住，我们不仅仅是努力抽出时间给你上课，而且非常期待和你一起度过一个学期。这是我们想要做的，而不仅是必须做的。

自由的象牙塔

还有一个问题最好也提前说清楚。有时大学老师被描述成一群自由主义者，也喜欢向学生灌输同样的思想。你也可能读过这样的书或者看过福克斯新闻，书中或新闻评论员对校园里的激进分子或象牙塔里的自由主义者进行揶揄。事实上，整体而言，大学教授比一般公众更加具有自由主义的倾向。而他们的思想观念因学科领域差异而体现出不同的特点，例如工学院和商学院的教授往往比人文或社会科学方面的教授更趋于保守。但是教授们有可能比一般大众更加自由开明。

但这一事实掩盖了一个重要的观点，或者模糊了大学教授最重要的一个思想特质。整体而言，大学教授并不比社会上具有相似受教育程度的群体更加自由开明。多年前就有这样一个观点：人的思想观念因受教育程度而异。与接受了更多正规教育的人相比，受教育程度一般的人更加保守。我们并不完全了解这背后的原因。也许是因为教育能够带来理解和包容，而自由主义也具备这两个特点。或许也因为受教育程度高的人被鼓励用批判的方式对世界进行思考，拒绝接受臆断的真相，并对变化采取包容的态度，这些都是与渐进观点相关的。或者说对于拥有博士学位的人而言，他们不是非常热衷争名逐利，而对再分配方面更感兴趣。尽管情况有可能如此，很多大学的很多老师可能倾向于激进。

但这并不意味着教授可以随意培养自己的门徒，或者在课堂上奖励具有自由主义思想的学生，并惩罚思想保守的学生。负责任的教授不会将自己的观念强加于人。最好的教授甚至不会让学生知道他们关于党派问题的看法，以防学生在得知了自己的观点后不敢或不愿提出相反的观点。我有一位学生，她在一天晚上来帮我照看我的孩子时，恰巧看到了我妻子的汽车保险杠上贴的关于某位政治候选人的贴纸。她说如果不是因为这个，她在学期结束后也不知道我的政治观点可能是什么——在我看来，这是对我作为一名教师的最大赞赏。

质疑自我

在课堂上，我们力图让每个学生质疑自己的观点，对自己之前坚信不疑的观点进行更加彻底和清晰的思考。我经常这样告诉我的学生：

> 如果你在离开大学时，仍一如既往地相信你刚上大学时的观点，也没有关系，只要你把这些观点和其他观点进行了对比，并且质疑了自己的观点。但是如果你在离开大学时从未表明过自己的观点，那么你不仅没有实现上大学的意义，步入社会也经受不了挫折。一个人如果没有质疑过自己的观点，就不会知道其中有哪些弱点。

不幸的是，有的学生并没有做好接受质疑的准备，而且把我们的质疑与针对个人的批评混为一谈，这样无疑会阻碍教学目标的实现。我们的工作不是让学生更加坚信自己的观点，而是促使他们通过思考自己以及别人的观点而具备独立思考的能力。对于思想更为开放的学生，我们敦促其思考论据背后的假设；对于观念保守的学生，询问他为什么那样想；对于犹豫不决和充满困惑的学生，则鼓励他拨开迷雾，弄明白自己的真正想法和想要捍卫的观点。希望我们的上述做法是正确的。我们并不期望学生对一切问题都有把握和现成答案，或者把世界看成非黑即白。能够看到灰色部分，看出细微差别，并且能够看到不确凿的论断和值得捍卫的观点之间的区别，是受过教育的人应当具备的能力。

我接下来要说的听上去也许违反天性，但是你确实需要能够促使你对材料进行分析、对新观点进行思考的课程。最好的课程会让你走出自己的“舒适区”，教会你如何思考，并用批判的方式来处理信息。至少这样的课不会让你觉得无聊。你要相信我，大学里有很多无聊的课程，让你只想给朋友发短信，就这么把一学期混过去。如果你想让上课时间过得快一点，想让自己为上课付出时间和金钱物有所值，那么你要选择能够让你在思想的世界尽情遨游的课程。

更为重要的是，这样的课程具有很大的自由度。允许你问“为什么？”和“那又怎样？”等问题的课堂，总比要求你背会事件的课堂要更加自由。你可以思考和评估一个观点重要与否，以及原因何在。在别处，你很难再获得这样的精神自由了，这和学什么课程无关。以外语入门课为例，你在课上要花大量时间来记忆单词和语法，而这并不足以吸引你早早起床去上八点的课。然而正是这门课的教授帮助你理解这门外语如何应用，鼓励你在掌握单词不多的情况下进行外语交流，并鼓励你坚持学习下去。许多学生并不知道这一点的必要性，他们只是选择容易通过的课程，然后在自己厌倦了或者没学多少东西的时候就抱怨个不停。

最棒的课堂也是充满趣味的。我所说的“趣味”，意思是全体参与——教授和学生都期待上课。这和课程的具体内容并不总是相关的，这一点也许出乎你的意料。你们谁会认为税法这门课有吸引力呢？我猜几乎没有谁这么认为，我自己在很长一段时间里也是这种感觉。然而这是我在法学院最喜欢的科目。我的老师略去了关于税码的内容，向我们解释为什么课程中会包含某些章节，它们有什么作用，又是怎样形成一个整体的。他热爱自己的课程，让我们把它看作一个巨大的拼图，鼓励我们一起用一个学期的时间来拼好它。教授让课程变得生动有趣，即使非专业人士也会被吸引。无论你学什么科目，这样的课堂才是你需要的。

助教和兼任讲师

你可能注意到了，我是把大学教师当作一个整体来介绍的。其实我以上所指的是大多数已经或者即将获得永久聘任待遇、长期从事本科生教学的全职教授。但教授们往往分身乏术。在有的大学，尤其是规模大的院校，有名的专家学者很少给本科生上课，并几乎从来不给大一大二的学生上入门课程。在有的学校，因为校方意识到了让刚入学的学生接触“大师”的重要性，正在着手改变这种状况。这种师生互动不仅向学生提供进一步深入研究相关课程所需的机会，而且让资深教师意识到，做研究的终极目的是推动知识进步和传播。如果教师不能向学生解释清楚一门学科的繁奥深邃之处，就会冒深陷于专业的囹圄而不能看到学科整体意义的风险。

此外还有一个公平性的问题。很少有教师想同时给两百个学生上课，坦率地说，我们当中大多数人都想进行十五个学生参加的小班授课，因为这样我们可以了解每个学生的想法，给他们有针对性的指导，从而加深他们对知识的理解。但是当今院校的财政状况不允许有太多这样的小班存在——至少在研究主导型大学里是如此，所以教授要分担大班授课的任务。诚然，处于顶端的研究人员可以通过给学校带来科研经费的方式来“抵消”教学任务，但所有教师每年必须完成一定的工作量。

因为教师有时忙于从事有资金支持的科研项目，为了确保本科生的师资力量，多数大型院校会任用助教和兼任讲师来负责一些班级的教学。你以前可能听说过这种做法，一些评论者将这种做法斥为大学教育的“丑闻”。他们的逻辑是：××大学在教师名单上列了很多有名的教授，于是你花了很多钱来上××大学，但是你上课时很少看见这些教授的身影。那么这一切便是骗局，是虚假广告。

我承认大学应该向公众更好地解释清楚教师的工作内容，而在科研任务重的院校，宣称教授承担大部分教学任务的确有不实之嫌。但这并不是骗局，毋宁说是学术圈外的许多人（以及一些圈内人）没能正确理解多数大学的教师的角色。如果要让大学教授从事科研并发表论文，如果大学的财政底线依赖于教授引入科研经费（这确属事实），那么我们没有办法每个学期给学生上所有的课。为了弥补师资的不足，大学越来越注重研究生助教和兼任讲师的力量。

关于助教

如果你选了一门课，上课时发现讲课的不是全职教授，你需要担心吗？通常不需要，尽管这在一定程度上与课程内容有关。如果是一门面向众多学生的入门性质的课程，通常先是由有名的教授在大教室进行授课，然后由研究生助教来组织相应的小型讨论环节。这样，你既能从教授那里获得关于课程的最重要的内容，也可以与助教交流，他们可以回答你的问题并帮助你应用教授所讲述的概念。主持讨论环节的研究生大多数都是各自专业的佼佼者,他们不仅熟悉教材,而且因为年龄与本科生相近,从而更容易沟通。如果你上的课是这种形式,请不要担心,你的钱并没有用错地方。

特聘教授

同样地,如果你的教授不具有终身教职,但是很有经验,那么你也不用担心。一些大学里,因为拥有终身教职的教授忙于从事科研项目,所以会聘用有经验的教授给大量本科生授课。这一做法的唯一尴尬之处在于学校对待这些特聘教授的方式。与永久聘任的教授相比,特聘教授的教学任务量要大得多,而收入要少得多,但是后者大多也具有博士学位或类似的学术资格。由于各种原因,比如运气不佳、地理位置限制或对科研工作不感兴趣,特聘教授没有取得永久聘任待遇,于是接受了目前这一教学任务更重但待遇更低的职位。本科生教学工作被推给了待遇更低的教师,这就是被边缘化了吗?如果你给一家计算机公司打电话,而你的电话被转接给了一个位于印度的客服,这种情形会让你尴尬吗?在商业圈里当然不会了,但在大学里,有人却觉得这种做法有问题。

在这里告诉你一个好消息:大部分特聘教授在教学方面认真负责,有些情况下比那些大名鼎鼎的教授更适合你,因为他们的本职工作就是教学。你应该关心的是特聘教授的资格问题。他是不是接受过授课领域的专门训练?他对该领域的文献资料的了解程度如何?他是促使你真正了解所学的内容,还是机械地死记硬背?他的英语怎么样?这些是学生应该考虑的问题。同时我也认为,得由你考虑这些问题从根本上说是不公平的。但是在当今教育讲究经济效益的环境下,你作为消费者,要对自己所购买的教育产品具有知情权。

兼职教师

还有一类教师是讲授单一课程的临时兼职教师。他们通常是某一领域的专业人士，学校按学期聘任他们，帮助学生扩大在某一科目上的视野，例如聘任一名当地记者讲解关于新闻和政治方面的内容，或者聘任一位检察官来讲解关于宪法程序的知识。这类课程有可能好处很大：你遇到的老师可能很有趣，是在别处遇不到的，他帮助你更好地理解学术理论和实际应用之间的差别。当然有的老师也可能把课堂搞得一团糟：因为没有经验，他们从一个话题跳到另一个话题，把学生弄得晕晕乎乎。有一个习语叫作“听莫里讲故事”，讽刺一位有名的专业人士在课堂上不传授知识，而是一味信口开河。这样的课上起来很容易，如果你只想把一个学期打发过去，这不失为一个选择。但是在这样的课上你只能听到具体事件，而不会从整体上了解一门学科的意义或明白它的重要性。你应该不想让自己学的全都是这样的课程。

你用什么标准评价具有终身教职的教授，就应该用什么标准去评价兼职教师或特聘教授。该教师是否对他的领域有所了解？他是否能够超越描述“事物现状”的层面，去探寻事物为什么会那样发展，或思考是否应该用另一种方式做一件事？他是否能促使你用批判的眼光分析各种观点，还是仅仅累积和反复消化知识？他是否会鼓励你全力以赴？能否深入浅出地讲明白复杂的概念，并且乐于回答学生的问题？你是否有信心在学期结束时从老师身上学到新东西？如果以上问题的答案都能令你满意，那么请一定上这位老师的课。

全职教师

即便如此，剩下的课程里，请务必尽量选择全职教师。我们作为全职教师，不仅熟知学校的制度沿袭，而且我们的任务是把科研与教学相结合，以便学生能够深入了解我们的研究领域的最新发现。我们当中也有很多好老师，这是多年经验使然。而有的学生，大学生活已过大半，居然没有上过由全职教师讲的课，这总让我很吃惊。他们通常是上晚上的课程拼凑学分（而这样的课程很可能是兼职教师讲授的），他们这样做，是在与大学教育最重要的方面失之交臂。首先，给他们上课的老师很可能只会陈述事实，而不是鼓励他们用批判的思维方式进行权衡。更重要的是，他们失去了与教授建立联系、选修其课程的机会，而正是这些教授帮助他们实现学业（也可能是个人）方面的发展，也会在授予他们学位时提供参考意见。

在选课时必须负责任地核实老师的资格，这可以说是一条总的原则。然而你不能指望学校来保证给你上课的老师是最优秀的。事实上，大学都侧重科研，而不看重教授的教学水平。现在，许多院校都采取新的经济政策，倾向用较低的薪水雇佣对学校缺乏长期认同感的特聘教授或在学术上并无建树的兼职教师来授课。这样一来，你会面对很多缺乏教授相应背景的老师，而关于他们教学能力方面的信息也很少。但是不要担心，你仍然能够获得优质的教育。但这取决于你，需要你去发现优秀的老师，让他们拓宽你的心智，让你的学习充满乐趣。你一定听说过“购者自慎”这句话。在选课的时候，所谓购者指的就是你。

鉴别优秀的老师

那么怎样鉴别优秀的老师呢？有好几个渠道供你选择。首先从学生对老师的评价开始。几乎所有的大学在每学期末都会给学生发放调查问卷，请学生为课堂教学质量打分，该问卷调查结果会向选课的学生公布。参考这些评价的时候，请不要以一个学期的评语为依据——任何一位老师都可能有表现不佳的时候，而要寻找那些总体分数较高的教授。你还可以浏览学校网站，看看谁曾经得过教学成果奖。这个奖项每年由教授评选，颁发给一位或几位教学水平最高的教授，具体做法依据不同的大学而不同。你选得过这个奖项的教授永远不会出差错，因为好老师是不会在得奖之后就敷衍了事的。

我知道有的学生会浏览"给我的教授打分"这个网站，寻找对老师的评价。但大多数情况下，回复的数量是有限的，这样的评价并不可靠。比这更好的做法是追本溯源。你想上哪位教授的课，就找一个刚刚上过他课的学生聊聊；或者到他的班上试听一节课，看看自己是什么感受；下载一份相应课程的教学大纲；或者到教授的办公室去拜访他，直接和他谈谈有关这门课的事。学生们很少这么做，但这么做确实非常有必要。有些大学的学费每年高达四万美元，这样的话，每门课每学期平均下来的费用是五千美元。如果买一辆这个价位的二手车，你一定会先试驾一下。那么选课时为什么不做同样的事情呢？

但是不要依据教授给学生的打分标准来选课。上大学后，你多半会听说哪些教授的课容易通过：只要上课并做少量的功课，每个学生都能得 A。我承认 GPA 成绩很重要，尤其是你要读研究生的情况下。但容易通过的课程往往是最乏味的。当然了，你可以坐在教室里，一想到自己的成绩不会受影响就高高兴兴的，但是你也很可能会觉得厌烦。一旦让人生厌，大学教育也就走上穷途末路了。

以看电影为例。假设你可以免费看一场电影。灯光熄灭，影片开演，你发现这部电影情节极其简单，充满废话，看这样的电影简直和你的老埃德娜姨妈共进晚餐一样无聊透顶。再假设另外一种情况。你要花大价钱看另一部电影，但它的第一个画面就把你深深吸引住了。它打开了你的世界，促使你思考有争议性的问题。你喜欢看哪部电影呢？当然了，看电影不像上课那样需要付出大量的脑力劳动，但说到底，你要和一门课的教授每周花上一个工作周的10%的时间在一起。把这个时间乘以四门课，自问一下是否做好准备每星期有那么多时间在无聊中度过。

关于这条建议有一些例外。许多以研讨班的形式开展的课程会给出高的GPA分数，大都因为它们是留给优等生或者是系主修专业学生的，是相关学科的“顶尖”课程。这样的课上，每个学生都非常用功，力求最佳表现，所以他们得高分并不奇怪。相反地，如果一门课给学生打分总是很低，那就需要注意了。但是有一点很重要，那就是要弄明白是因为该教授习惯给低分，还是这门课比别的课更难。关于第二种情况，有个经典的例子，那就是有机化学。有些情况下，这门课是用来“剔除”想上医学院的学生之中的较差者。无论上课的老师是谁，这门课的大部分内容都要比化学系的其他课程得分低。有的时候，你想选一门学生得分低的课，恰恰是因为该教授给分严格。无论打分的教授在你就读的学院是大名鼎鼎还是在研究生院里盛名难副（在某些情况下），在这样的课上得高分是荣誉的象征。打分严格的教授往往是坚持高标准，他们促使学生展现出最佳水平。选这样的课是一种自我挑战，可以检测自己能达到怎样的高度。

最大限度利用教师资源

选好课后，请尽量给老师留下好印象。这倒不是因为我们会因为不喜欢你而处罚你；毕竟你的成绩反映的是你在一门课上所取得的成果，而不是我们对你的个人看法。更确切地说，你要获得教授的关注，让他在你不能理解课程某些内容时愿意换一种方法给你讲，他对你的学业和个人发展感兴趣，并在你需要继续深造或找工作时为你写评语和推荐信。

坚持上课

教授的要求实际上都是非常简单的。如果想让我们注意到你,对你感兴趣,需要做到以下五点。第一点便是坚持来上课。如果你不来上课,就会弄不明白所讲的内容,而在教授看来,你不露面是因为根本不在乎。你应该不想让自己给教授留下这样的印象。你不来上课对教授没有好处,更是害了你自己。

有备而来

光来上课是不够的,你必须有备而来。布置下去的资料要提前阅读,书面作业也要及时完成,而不能拖后。在课堂上大家都非常认真投入的情况下,被动学习是非常无效的行为。所以你要做好准备工作。没有完成老师布置的阅读作业就来上课,是对老师的极其不尊重。不要说"我对这门课的目标不感兴趣"这样的话,否则会立刻给老师留下恶劣印象,而你一定不想在整个学期里花大量时间来纠正老师对你形成的对课程不感兴趣和不愿做准备的错误印象。

重视参与

要参与课堂讨论,但是不要试图控制话语权。我认为这一点比较难做到。一些学生会更害羞,还有一些腼腆的学生不愿意大声说话。但是请记住,只有你时不时地发言,老师才能知道你在想什么,你的脾性如何,或者你的风格怎样。即使只是回答一个有明确答案的问题,也请和大家一起说出来,让老师听到你的声音。此外,旁观的人加入讨论之后,往往能够提供重要的观点。

如果你对在大课上发言还有些犹豫,那就等教授把课堂分成若干个小组后再加入讨论。但是请不要回回都举手,或者总是抢着说。有的学生喜欢坐在教室的前两排，喜欢回答问题，老师提问时总把手举得高高的。尽管老师需要他们在其他学生沉默不语时活跃课堂讨论，但还是希望所有的学生都参与进来。所以如果老师看见你举手而没有叫你，却叫了其他同学参与讨论时，请不要感到意外。

承认困惑

让我们看到你的努力，因为这表明你在学东西。如果在课堂上你努力了却没有弄清楚一个概念，可以打断我们，讲出你的困惑。我们会试着换一种方式来讲解这个概念。如果班上的其他同学都掌握了某些背景知识，但是你没有，也请让我们知道，好让我们告诉你在哪里能找到适宜的资源。如果你就是觉得课程太难了，但是愿意付出努力，可以来和我们谈谈，看看我们能否从其他方面帮助你。或者你对某一题目非常感兴趣，想要进行更深入的探索，也让我们知道，我们将很高兴提供其他资源和机会。

单独请教

我们欢迎学生在课后到办公室来请教。与高中不同，大学通常要求老师每周安排出几个小时的时间专供学生找他们谈话。我们可以与学生深入探讨课堂上讨论的内容，指导他们如何为考试做准备，为他们提供读研或获得工作机会方面的建议，或者就政治、体育或生活方面进行泛泛的交流。但是除了一些文理学院外，很少有学生利用这一机会。这一点颇让人费解。如果你在公立大学就读，上的是250人一堂的大课，也许你在课堂上都没有机会看清教授的样子。但如果你去他的办公室找他，你就能得到一对一辅导，教授会回答你的问题，并就如何学好这门课向你提供建议。

去办公室拜访老师相当于得到一种高级辅导。利用这个机会，你相当于用自己的学费买到了学校宣传册上所宣称、但现实中很难实现的一对一辅导。很少有老师不喜欢愿意来找老师问问题的学生，这些问题可以是与课程内容有关，也可以与学业规划有关。你与教授之间还可以形成一段基于职业关系的友情，便于教授更好地给你写推荐信。我在自己的课上说过，我不会为不熟悉的学生写推荐信。根据我在研究生招生委员会工作多年的经验，缺乏具体内容的推荐信没有多大价值。在真正有用的推荐信里，教授会以较大的篇幅具体描述学生的优点、兴趣和目标。为了让教授了解学生的特点，学生必须重视长期与教授保持交流，而仅仅在课堂上露面是不够的。

当然了，向老师求教和追随老师之间有着非常微妙的差别。为了遵循这种专业的友谊的界限，不要独霸老师的工作时间，也不要给老师家里打电话，或者深夜给他发短信，除非老师在教学大纲上明确允许那么做。对有些学生而言，个人空间可能是一个不容易理解的概念，因为他们习惯了在 Facebook 上发表自己最隐秘的想法。而教授更希望有一个私人空间。最好用邮件与老师联系，以便他能够在不影响自己私人生活的情况下尽快回复你。

总而言之，你要努力和老师建立充满相互尊敬的专业的友谊，在这段关系里，你要对自己的学业主动承担责任，包括做好准备再来上课、不拖延，以及在你有疑问或者困惑时敢于提问。作为回应，你的老师应能吸引你、挑战你，在你身上付出时间和心血，让你在学术和做人方面更加完善，在求知的道路上行进得更远。电影里或书本上通常都是这样描述大学的，但在许多大学里还是可以实现的，只要你主动寻求的话。但在许多方面而言，你要主动承担起责任来。

第二章　课程与专业

怎样决定学什么

大部分大学的一年级学生会面临着一系列“核心”课程要求。核心课程要求有时也称作通识教育要求，其目的是为了让学生对美国教育的基本状况有一个广泛意义上的了解。你可能会上关于英语写作的课，别人可能上文学、数学或分析推理方面的课，或许还有别人选外语方面的课程，或者选择人文、自然科学和社会科学等诸多领域内的课程。不同学院向学生提供的核心课程选择灵活度是不同的。在我任教过的大学中，有的要求学生在大一和大二阶段学习十六门课程，有的则依据学生在选课时的多样性提供广泛的选择。

核心课程的设置是为了实现大学教育中两个对立方面之间的平衡。与在高中不同，在大学里学什么由你自己决定。你对德语不感兴趣？没问题，没有人会强迫你学。你喜欢历史？太棒了，有这方面的课程供你选择。但与此同时，我们希望你是全面发展的，接受某一领域的教育需要建立在对更为广泛的学科知识的了解的基础上。想一想大学里开设的课程要比高中多多少吧！即使小型的学院也会开设诸多课程，例如社会学、经济学、人类学、哲学、西班牙语、地质学和心理学等科目，不胜枚举。规模更大的大学会开设阿拉伯语、日本文学、生物化学、会计、音乐欣赏和其他数以千计的不常见的课程。即使是教育资源最丰富的高中，它所开设的课程在广度和深度上也不能与大学媲美。

所以在放手让你选择专业前，我们希望你具备了一个有学识者的基本知识构成。这就是设立人文科学课程的原因。人文科学侧重指大学教育的广度，而不是指大学的政治意识形态。畜牧学专业的学生也需要掌握书面和口头表达自己想法的技能。计算机科学家如果学过比较文学课程，就能更好地理解他的外国同事。市场销售经理如果学过心理学，就能更好地与客户沟通。即便律师也可以了解数学和作曲中的一些逻辑。

人文科学认为教育具有其内在价值，一个受过良好教育的人应该对周围的世界保持一颗好奇心，并且是出于单纯地希望自己变得更加博学和风趣而学习。美国有成百上千所学院奉行这一原则，这些学院的名字的首字母几乎可以覆盖整个字母表：艾姆赫斯特学院（Amherst）、毕洛伊特学院（Beloit）、科尔盖特大学（Colgate）、丹尼森大学（Dennison）、厄勒姆学院（Earlham）、富兰克林和马歇尔学院（Franklin and Marshall）、戈切尔学院（Goucher）、哈弗福德学院（Haverford）等等。不仅大学，大专和职业院校也知晓在提供广泛课程的基础上让学生确立个人专业的意义。

学习你感兴趣的课程

上大学前，大多数学生都会得到来自亲戚、朋友以及老师关于课程方面的建议。就像在经典电影《毕业生》中商人向年轻人（达斯汀·

霍夫曼扮演)提供事业上的建议的那一幕:在一场鸡尾酒会上,商人转过头来,冲年轻人大声喊"一言以蔽之——外科!"令后者困惑不已。如果放在今天,他估计会建议霍夫曼去学计算机、中文甚至遗传学。但是关于课程的本质在于,除了核心课程之外,你应该学习你所感兴趣的内容。

学习自己感兴趣的内容,学生起码要做到这一点,但有的学生可能会觉得很新鲜。整个高中期间,都是别人告诉他们必须学什么,比如州教育委员会制订的课程表,或家长和学校辅导员坚持让学生学习特定的课程,以便他们在申请大学时"具有竞争力"。还有一些家长建议或者逼迫学生去学"实用的科目",以便毕业后好找工作。然而在大学的迎新介绍上,学生面对着关于大量课程的介绍,难免会犹豫不决,难以做出选择。

我上大学时也一样。上高中时,别人要我学习"和上大学有关的"课程,于是我学了"基础"课程:英语、数学、科学和外语。我本来很喜欢选修课里的"新闻学"这类的课程,但是没有选,因为它们不是大学的必学课程。后来我上了一所规模很大的大学,发现学校的课程清单居然多达数页。我自问是否可以想学什么就学什么。这些课能让我取得传说中的"成功"吗?为了让我上大学,我的父母可是付出了昂贵的代价。如果我学了社会心理学或性别研究这类与高收入职业无缘的课程,他们会怎么想?

当时我就很快意识到,没人能强迫你对什么感兴趣——而现在我当了教授,明白自己当时的想法是正确的。有的同学认为电子学非常有趣,而其他人则会认为没有比那更枯燥的了。哲学能够打动一些人的心弦,而另一些人则认为这个东西简直没法学。我曾教过政治学和法学,我一些亲戚并不觉得这些科目有趣,正如我对平面艺术不感兴趣(或者说没有那方面的能力)一样。

对大学生而言，本章内容的重点是你应该学习自己感兴趣的东西。不要去学你父母感兴趣的东西，不要依照亲戚或父母的朋友的建议去学习。也不要被朋友的想法牵着鼻子走。工作后也不要为了遵从老板的意愿而学习。你会找到自己感兴趣的领域，领略其中无限乐趣，并且最大限度地发挥自己的潜能。最终你将在感兴趣的领域中开拓职业生涯，成为行业中的佼佼者。

懵懂也无妨

也许你还没有确立自己的兴趣所在，这也没有关系。大多数学生在上大学时只有十八岁。让你现在就确定这辈子要做什么，这不仅是不现实的，而且会给你规划自己的生活带来巨大的压力。在这个年纪，没有什么决定不可以推倒重来，在确定自己的兴趣之前走一两回弯路也是可以的。大学最大的好处是你可以在这里弄明白自己是谁，要做什么。这是一个尝试的阶段，如果需要的话，你可以一次次地重新塑造自己。无论是谁在为你支付上大学的费用——我发现许多学生因父母供自己上大学而充满愧疚——在四年（或更长）的大学生涯之后，你应不改初心，你要为自己所取得的成就感到欣慰。你是谨慎行事，害怕去确立自己的兴趣，还是给予自己充分的自由去追寻感兴趣的道路？

无论你是为什么上大学——为了学更多的东西也好，在具体领域有所建树也好，抑或为了找个好工作，甚至只为了独立生活几年，如果你总躲在自己的舒适区内，而不给自己冒险的机会，那么你就浪费了一个宝贵的机会。你可以学习你之前从没听说过的课程，尝试理解别人的观点，或者来一场彻底的异国之旅。你会在这个过程中获得成长，也许你会偶遇自己敬佩的人，并且希望成为那样的人。

我知道这听上去像在说教，那是因为这一观点再怎么强调也不为过。太多的大学生心智未熟，他们在父母的过度保护下长大，过于封闭的环境不允许他们偏离那条已设定的通往“成功”的唯一道路。你已经成功地上了大学，现在轮到你来创造自己的生活。你要跟着自己的兴趣走，因为这是你的生活；除此之外没有别的原因。我敢保证，只要你一如既往地热爱自己所做的事情，只要你在大学毕业后仍在自己兴趣的指引下不断培养新的技能，成功就会垂青于你。也别忘了，成功有多种形式。如果你足够幸运，你在学校遇到的朋友和教你的教授会是你一辈子的朋友和老师。给自己一个这样的机会吧。大学学费很贵，其中一个原因就是它为你在生活的方方面面都提供了机会。一定不要临阵退缩！

选择课程

好吧，你也许会说，这听上去不错。你已经做好了尝试的准备。但怎样才能弄明白自己对什么感兴趣？摆在面前的是一张巨大的课程表，其间充满了无限可能性。到底要选哪些课程呢？

从那些最好确定的课程，即你必须要学的课程入手。其中有些可能是上面提到的核心课程的一部分，其他则是为了在某一领域进行更深入学习而需要掌握的课程。关于第二种情况，一个最明显的例子就是外语的入门课了。显然，如果你不懂法语的单词和语法，就不可能阅读法语文献。类似地，许多领域都有这样的入门课程，学生在深入学习之前必须掌握它们。所以如果你觉得自己对群体心理学的课程有点感兴趣，那么你要提前学习心理学的入门课。如果你对资本市场感兴趣，那么请先学习经济学入门的必要课程。

有两种方法可以用来识别入门课程。大部分入门课程会列在高级课程的必修课程清单上。如果你总看到“政治学 110”这门课程列在上述清单上，那么你就会知道它是入门课程。另外也可以通过数字来识别入门课程，它们都有一个以“1”开头的代号，比如“数学 101”、“心理学 110”或“生物 100”。多数大学采用三位数的代码来区分不同的课程。为大一和大二学生设置的课程以“1”或“2”开头，为高年级学生设置的课程则以“3”或“4”开头。

课程代码的其余两位数字仅为区分课程之用。一些学校采用两位数的代码表示自己的课程，比如“英语 10”。这里再强调一遍，通常大一和大二学生选以“1”或“2”打头的课程，大三和大四学生选择以“3”或“4”打头的课程。但这不意味着高年级学生不可以选“100”或“200”范围的课程。事实上，许多大三大四学生会选修其他领域的入门课程，有的是为了满足课程分布方面的要求，有的是为了尝试自己感兴趣的领域，或者是因为自己换了专业。但是不可以打乱先易后难的选课顺序。如果一名学生对一门课程非常熟悉，或者已经拿到了相关高级课程的学分，可以允许他免修相关课程，否则一上来就学更高级课程是不明智的。这好比不会游泳就从一个池塘水深的一头往下跳。你要先把脚伸进水里试试，由浅水区向深水区游，最后在深水区探索。

专业是什么，如何选择

几乎所有的大学都会要求你选一门专业。专业就是你主修的领域，你所修的大部分课程都将覆盖这一领域。如果一所大学要求修满 120 个学分后允许毕业，那么 60—75 个以上的学分将是来自与你专业相关的课程。这实际上并不像听上去那么恼人，因为其中多数都是其他系的必修课或同源课程。例如选生物专业可能要求你学化学方面的课程，如果专攻美国政治，那么你也要学美国历史方面的课程。

学生升入大三才需要确定专业，所以你不必受到错误观念的影响，认为在一开始就得知道自己对什么专业感兴趣。在头两年，许多学生会进行多种尝试，改两三回主意。但当你上了大三以后，你应该权衡并确立自己的专业，以便用剩下的两年完成学业。

你也许听说过有的学生要花五年或者更长时间才能完成大学学业。传说部分原因是有些专业选的人太多，因为人数的限制而不能满足选课的学生的需求。所以不要等到最后一刻才确定专业。据我观察，那些在高年级阶段突然决定换专业的学生往往要在学校多读一到两个学期。但请注意，这也不是世界末日。如果你发现自己的兴趣转变，那么请努力尝试新领域的课程。但如果你的目标是四年如期毕业，请在大三一开学就选定专业，并制作一张课程清单，以便能够顺利毕业。依学校的做法不同，有可能会指定一名学业导师来指导你满足相关要求，但最终你要主动承担自己的责任。

不存在神奇的专业

选择专业的过程和在大一大二阶段选学哪些课程几乎是一样的，那就是以你的兴趣为准，而不必在头脑中将其与具体的职业联系在一起——除非你想当会计或护士，因为这两个职业对专业有具体的要求。事实上，大学教育的价值主要在于通过学习掌握正确的推理能力和娴熟的沟通技巧，而与你的专业是英语还是植物学没有关系。更有一点，在你工作以后，你能以大学里所修的课程向老板表明，自己对他的领域也感兴趣。但这有点像同义反复：就像你不会选一个自认枯燥的领域作为自己的专业一样，如果你对某一领域不感兴趣，也不会从事与该领域相关的职业。

许多学生，甚至学生家长往往认为这个建议难以接受。尤其是对于那些家族里第一代大学生来说，学一些“实用”的东西的压力是巨大的。“要学就学工程、计算机或经济学，”很多家长这样对孩子讲，“学这些才能找到工作。”诚然，许多高科技公司会提供入门性质的低端职位，但它们绝不是仅仅雇佣具有相应教育背景的毕业生。在其他领域，有许多公司和组织寻求全面发展的学生，如果大学毕业生具有创造性思考的能力，能为亟待解决的问题提供新的解决方法，就会得到这些公司和组织的青睐。

以上建议对有志于进入专门学校——主要是法律、医学和兽医学方面——的学生更加有用。让我们来做个小测试。你是否知道上述领域录取比例最大的专业的名称？如果你的想法和大多数人一样，你也许会回答法律录取政治学专业学生的比例最大，而医学和兽医学的答案是生物或化学专业。诚然，这些专业出身的学生往往会进入相关的专门学校深造，但这些专业都不是录取比例最大的。一项针对申请医学院的调查表明，申请人的专业和其录取与否没有关系。而关于法学院录取情况的一些调查显示，各种专业，比如音乐、数学、物理等在法学院录取比例都很大。

通常而言，专门学校在预修课程方面有一定的要求。以医学院为例，如果学生没有修过生物、物理、有机或无机化学中的至少一门课程，就不会被录取。但它们对于完整的大学生生涯并不是不可或缺的。在进入专门学校之前，如果你想致力于法律或医学专业之外的领域，那么你绝对没有必要去学习这两个领域的预修课程。我曾任职于研究生招生委员会，知道研究生院希望从申请人身上看到三样东西：大学入学考试的高分成绩、与学生关系密切的教授提供的强有力的推荐信以及在注重批判性思考和清晰自我表达的课程上得高分。目前就不要纠结于入学考试（关于这部分内容，详见第六章）了，你所能控制的是你的课程计划，以及你同老师建立专业联系。没有什么神奇的专业能保证你取得事业成功。选一个自己感兴趣、并且有动力为之刻苦努力的专业吧！

替代专业、双专业和兼修专业

有的学生认为只学一个专业太具有局限性。不必担心，有的大学允许学生研究通识学科。虽然名字叫作研究，这类专业中许多并不需要你专门去研究。你可以跨学科选择多门课程，让它们一起为你的兴趣服务。这在有的大学里叫作“独立研究领域”，其道理是一样的，我读大学时采用的就是这种方式。我的母校里没有专门为公共政策设置的本科课程，于是在教授的指导下，我选修了政治学、经济学、历史、社会学和统计学，形成了我自己的独立研究领域。

如果学生对多个领域感兴趣，也可以主修一个以上的专业（这种做法称为双专业），或者在主修专业的基础上再兼修一门专业。在大学里，许多专业的名称与院系的名称一致，比如政治系里有政治学专业。有的跨学科的课程会有不止一个院系设置，被称为兼修专业，让学生以跨学科或亚学科的课程对主修专业进行补充。哲学和法律便是兼修专业中的经典例子。有些院系甚至将其专业进行精简而形成兼修专业。所以如果你在选专业时在两个领域之间举棋不定，可以选择一个领域作为主修专业，把另一个领域作为兼修专业。你的研究领域反映了你的兴趣所在，而不是反其道而行之。

确定自己的兴趣

读到这里，你可能已经发现了本章的主旨，那就是强烈建议你去探索自己感兴趣的课程和领域。然而众所周知，自由选择对有些人来说意味着压力，尤其是那些多年以来习惯了让别人，比如授课老师、指导老师以及父母告诉他们去学哪些课程的学生。这种描述听上去是不是很熟悉？你自己该如何解决这个问题呢？这里有五个基本的原则。

第一，在大学的头两年广泛涉猎多门课程。这样做即使没有别的好处，也会让你知道你对哪些课程不感兴趣。这听上去有点奇怪，但它的确是选择过程中的必要步骤。

第二，尽量参加校园里的各种讲座。许多高校不定期请人做演讲。如果你觉得一个讲座听上去有点意思，而你又有时间，那么就去听一小会儿，了解一下别的领域都关注和探讨哪些问题。即使你决定不专门研究该领域，听一听也无妨，何况你也许会因此发现自己感兴趣并想要去探索的领域。

第三，参加校园课外活动。关键是要尝试新事物，丰富自己的经历，发现自己感兴趣的事物。你会发现，很多护士或社会工作者是因为大学期间志愿帮助问题青少年或在医院急诊室提供服务的经历，从而发现自己的使命所在。

第四，与你喜欢的教授或者学业导师谈一谈。在有的大学，老师会充当学业导师的角色，帮助学生安排学习，以及考虑学术方面的其他发展。在另一些大学，学业导师由专人担任，向学生提供课程方面的建议。无论是哪种情况，你在考虑专业的时候必须重视利用学校咨询方面的资源。学业导师会向你讲明各主修和兼修专业的要求，帮助你对接下来的学期计划进行合理安排，以便你能够按时完成学业。

第五，也有可能是最重要的一条，不要给自己施加额外的压力。还记得你第一次学骑自行车的情景吗？像大多数孩子一样，你摔过几跤之后才能掌握好平衡。你不能只是嘴上说说，然后就会骑了。只有进行练习，你才能掌握这一技能，达到驾轻就熟的效果。

选择专业与此非常类似。你可能反复改变主意：一段时间里，你对一个领域感兴趣；突然有一天，你倾向于一个完全不同的方向。很少有学生一开始就确切知道自己想要学什么。事实上，这些学生中的一部分恰恰会在后来才认识到，他们是在硬着头皮往下撑，因为他们害怕暴露自己的犹豫不决。在刚上大学时不知道自己对什么感兴趣，这再正常不过了，你要按照自己的节奏最终确定自己的兴趣所在。

我经常对学生说，不要拿你的内在和别人的外在相比较，不要犯这个错。某些情况下，你会嫉妒自己的同学，这不假，因为你希望自己像他们看上去的那样胸有成竹和自信。但你并不知道他们的真实感受。他们很可能像你一样没有安全感和不确定，只是不愿意流露出来罢了。所以如果没有其他原因，对自己不要太过苛求。选课时请涉猎广泛，尽可能利用一切机会挑战自己，尽可能地全力以赴。做到了这关键的三点，你就会充满自信和骄傲，也不会辜负自己的大学生活。

预修学分

学生带着预修学分来大学报到，这是不奇怪的。有的学生在高中阶段学习了大学预修课程，并且在考试中取得高分，从而获得大学学分。有的学生在被四年制大学录取之前上过社区大学。无论是哪种情况，预修课程获得学分能带来许多机遇。很多情况下，学生的学分来自一到两门课程，最为常见的是英语和美国历史，它们相当于六到八个学分。这些学分能让学生免修相关领域的预修课程，并且在最后一个学期轻松毕业（在有的学校，这也意味着相应地少交学费）。

还有一种情况，学生的预修学分相当于一个学期的学分甚至更多。这使得学生有机会提前毕业，从而省下一部分不菲的学费。为了加快这一进程，有的学生还会在暑期学习一些课程，在三个学年之后的春季毕业。

对于加快大学学习进程的做法，我感到喜忧参半。一方面，我深知许多大学的学费很贵。另一方面，我认为四年大学生活是非常宝贵的经历，不宜操之过急。无论课堂教学还是课外活动，同学友谊还是师生情谊，都会让学生受益颇多。有时候，我甚至想把学生拉到一边恳求他们："珍惜你现在拥有的时光吧，它会让你一生受益无穷！"

所以如果你想缩短大学时光，通过预修课程获得学分也好，通过暑期学习提前毕业也好，请务必确保自己充分利用了学校提供的种种机遇。你可以尝试一些你丝毫不了解的科目，和背景完全不同的人交朋友，并从导师中挑一位良师益友。请给自己成长的时间和机会。

远程教育

只要你坐过地铁，一定见过关于"远程教育"的海报。这种"没有边界"的大学能够让你在网上学习课程，获得学位，而你不必为了防止课程和其他活动冲突而苦心安排时间。这里所传达的信息也许听上去很具有吸引力。既然有的大学——比如凤凰城大学（the University of Phoenix）、瓦尔登大学（Walden University）或卡佩拉大学（Capella University）——不要求实地出勤，那么还有必要到实体的大学里就读吗？

答案在很大程度上取决于你想在大学里获得怎样的经历。如果你想要的只是一纸文凭、一个大学学历，那么网络学校对你而言可能是一个很好的选择。但是请注意，这类学校大部分的学术声誉不是很可靠，一部分原因是它们以盈利为目的，不是传统的教育机构。[1] 如果你就读于这样的学校，那你基本上是在指望你未来的雇主对各大学的声望不甚了解，认为只要你有大学文凭即可，而具体是哪所大学并不重要。对有的工作来说，可能是这么回事，但在美国，你在事业阶梯上登得越高，这种策略可能越不会奏效。研究生院和职业学校都非常清楚哪些本科院校需要学生真正地拼搏和付出，而哪些不需要。许多雇主也倾向于雇佣从他们熟知的学校毕业的学生，无论是“名牌”大学还是口碑颇佳的当地大学。

现在，即便很有名的大学也在提供在线课程。教授通过网络进行授课，学生按照自己的进度来学习课程。我认识一些好学生，他们对在线教育评价颇高。但作为一名教授，我希望你能够保持警惕，因为在线课程不可能完全复制教授在课堂上能给学生带来的一切。诚然，在线课程在传授知识方面是有效的，你在书面作业方面可能也会得到有效的反馈。大家都在课程网站上登录，相互回复评论时，你甚至可能与你的教授或同学展开有趣的对话。这些都是非常宝贵的经历，但是大学教授在课堂上提供的真正的宝贵价值在于，你有机会提问，并且你的问题能够得到回答。提问能促使学生独立思考，而且在面对面的交流方式下，所学的内容能够更好地被强化。

热衷虚拟世界的人忽视人际互动的重要性，这并不是对互联网的老生常谈的微词。我们并不是为了坐在教室里听课而听课。当学生们更加认真地思考自己的想法并形成新的观点时，我能够促使他们更好地这样做。我能发现他们的困扰并立即解决问题，而不用等到他们复习过程中发现自己的思路连不上时才这样做。我可以组织学生进行辩论，鼓励他们独立思考。这是现实中真正需要的技能，它是在以太网(Ethernet)上等待学生回答问题所不能复制的。

这种想法愤世嫉俗吗？好吧，回想一下电视新闻秀，比如《与媒体见面》(*Meet the Press*)，或者其他让新闻人物和记者进行同台辩论的节目。与记者简单地把问题写出来让决策人回答相比，前一种形式是否会让你有一些其他的、更好的收获？如果给这些政客几个小时甚至几天的时间来回答后续问题，你还觉得有意思吗？你认为他们多快才能学会当场给出令人信服的中肯的答复？远程教育也是同样的道理。当然，教授可以在网上让你回答问题，你在思考问题和组织答案的时候也能够学到东西（毕竟这也是我们布置论文作业的原因）。但是当大家坐在一起，能够读到彼此交流过程中的非言语信息并且面对面交流时，这种实时的集体参与的问答和讨论过程能够让你有很大的收获。我不是让你完全摒弃网上课程，而是鼓励你对之进行合理利用。如果你想上的课程和自己的日程安排冲突，那么好吧，可以考虑一下网上课程。但是如果你想从大学中获取最大的收获，还是应该亲自去上大部分的课程。

体验式学习

如今，大学教育的另一个潮流是体验式学习。体验式学习主要有一两种形式。一些大学表示会依据学生的“生活经验”向其提供学分。奇怪的是，这样的学校往往也带有盈利目的。校方主要是以提供学分吸引潜在的学生，只要他们上大学前工作过，或有其他工作经验即可。这听上去很有吸引力：嘿，你不用上课就能拿到学位了！但是你要注意，不要选那种你花了钱后，除了写论文、拿文凭以外一无所获的学校。不可否认，一些“名牌大学”现在也为学生的“入学前学习经历”提供多达十五个学分，但这些大学是以“成人及体验式学习委员会”设立的标准为依据，确保学分是依据“能够带来理论和实际知识”[2] 的工作来提供的。而为泛泛的“经历”提供学分的学校都不值得去上。

并非所有体验式学习都是糟糕的。很多学校正在为本科生开设那种在法学院和医学院常见的实践课程，其理念是相似的：即为学生提供检验其在课堂上学习的理论和观点的实践机会，然后再把学生带回课堂，评估理论和实践的互动情况。在有的学校，体验式学习意味着学生可以通过实习拿到学分。在另外一些学校，包括我教过的一门课程，学生可以加入法律和竞选团队，亲身体验和参与到高风险的项目中去。

与“花钱买学分”不同，体验式学习的课程不是简单地以经历换学分。在设置合理的课程中，实习或项目开始和结束时都会安排课堂环节，让学生从理论的角度思考自己的工作经历，对之进行概念总结。在课上会给学生布置阅读作业，让学生就自己的经历写读后报告。最后通常要求学生写一篇论文，来对自己的实习或体验式工作的经历进行总结。

如果你的大学提供这样的课程，你可以放心选择。相对那些以其他形式对你有所裨益的课程而言，体验式课程是一个很好的补充，在有些情况下是从大学生活到事业的一个有用的过渡。我认识一些学生，他们把自己的实习经历转化成了毕业后的工作经历，曾在体验式学习中激发他们兴趣的课程后来被他们开发成了自己感兴趣的事业领域。

出国留学

你也许知道在大学期间可以出国学习。许多大学提供这样的教育项目，鼓励学生大三时利用一个学期或一个学年到另一所大学就读。出国留学之前多是针对欧洲，如今已经涵盖世界各地。像体验式课程一样，留学项目能够让你有机会在不同的教育体系和国家的背景下实现自己的大学教育和生活经历。

大多数留学项目以英语授课，但也有“浸入式课程”，即以所在国家的语言讲授的课程，或者学生住非英语的当地家庭里。当然了，这样做的目的是让学生提高其外语能力，并且获得跨文化的体验。

有的留学项目的要求会更高。也有的只要求学生上几节课，其余的时间，学生可以在当地的咖啡馆“闲逛”。有的学生甚至尽量把自己的课程都安排在周二到周四，这样就可以利用其他四天随意游玩了。但是有的留学项目要求很高，学生几乎没有机会领略校外的景色。因为课程是以当地语言讲授，学生们要想跟上进度可能就很不容易了。

无论你选择什么样的留学项目，脱离自己的舒适区，到异国他乡求学一两个学期的好处是非常大的。无论是课堂学习，还是课下与其他学生互动，或者徜徉于一个你不懂当地语言的城市或文化中，国外的生活会让你学到很多东西，获得显著的进步。大部分大学对留学生收取同样的学费，所以你只要额外支付旅行费用即可，而不至于囊中羞涩。

怎样选择留学项目

在选择留学项目时，你应该问自己几个重要的问题。

首先，你想去哪里学习？这个问题没有标准的“正确”答案，因为它取决于你的选择。你对探索古典文明感兴趣？或许法国、意大利、希腊或土耳其是你的最佳选择。你是想探寻自己的家族渊源，提高自己正在学习的外语，还是研究一个发展中国家？出国留学的原因多种多样，也有各种各样的项目供你选择。

第二，你对学校提供的出国留学选择是否满意？如果只是为了拿学分，在本国大学就读往往更容易的。如果你感兴趣的国家不在你大学提供的选择范畴内，那就去了解一下其他大学提供的项目，但是请务必提前联系你的大学的注册办公室，确认学校同意你选相关的课程并承认你的学分。

第三，你对留学国家的语言的掌握程度如何，对学习这门语言是否感兴趣？如上所言，许多留学项目以英语授课，但并非全部如此。一些课程要求掌握当地语言，而另一些无此要求。有的学校甚至在没有专门针对留学生的正式课程设置的情况下接纳留学生。在这种情况下，如果你没有很好地掌握当地语言，对当地风俗习惯缺乏了解，可能会出现难以应对课程的情况。

最后，尽量了解课程对你本人的难易程度。如果课程是由美国大学设置，也是美国老师来讲授的，即使授课语言是非英语，你对课程内容及要求也不会感到陌生。请你记住，许多这样的留学课程都针对全美国各大学的学生开放，所以会倾向于针对"中等水平学生"的能力。直接由外国大学提供的课程，对留学生的要求可能会有所不同，也需要学生付出更多的努力。所以请仔细阅读相关的宣传资料，在网上查找反馈，与参加过同样留学项目的学生交流。出国留学的一个学期或学年可以成为大学里具有决定意义的阶段，请你像学游泳一样，看清情况再行动。

其他机会

如果为期一学期或一年的出国留学不适合你，还有其他途径来拓宽你的教育经历。许多大学还为游学项目提供学分，学生利用寒假、暑假或春假与教授到别的城市或地区，学习当地语言或文化。这样的短途游学也有阅读、讨论和写作作业，能为学生提供学分，并拓宽学生的视野。在有的大学，教授带队的游学项目目的地包括哥斯达黎加、厄瓜多尔、埃及、以色列、爱尔兰、伦敦和罗马。以哥斯达黎加为例，该国具有世界上最具有多样性的雨林之一，学生在这里学习生物多样性、生态学和环境保护方面的内容。我们都知道，世界变得越来越小，但有时候，掌握知识需要涉猎第一手资料。出国留学，无论路途多么遥远，是另外一个拓宽你眼界的机会。

大学为你提供许多学习机会，但是不要让这诸多选择束缚了手脚。你的首要任务是选择你感兴趣的课程，它们为你带来挑战，并帮助你找到未来想要致力探索的领域。你会有充裕的时间来确定专业方向，所以不要认为自己必须快一点选好专业，或者屈从于压力而迅速“理清”自己的计划。大学是一个充满精神自由的阶段，是个人成长的阶段。如果没有其他原因，请给自己机会发现自己的兴趣所在，走自己的路。

第三章　上课

好了，现在你已经选好了课，甚至很周到地画了地图，标出了各个教室在校园里的位置。但在你上第一堂课之前，你应该做好心理准备。相比高中单一的授课方式，大学里的课程是千差万别的。

大多数高中课堂一般容纳 20 至 30 名学生，上课的方式是讲课和讨论交替进行。大家彼此认识，老师点名让学生参与课堂讨论或者回答问题。大家天天来上课，每堂课的时间是一样长的，教室的格局也都差不多。

大学课程的授课方式与高中课程不同。总的来说，大学里授课方式有三种：大班授课、讲座—讨论型授课，以及小班研讨。依据课程的不同，可能是每周上一次课，每次两小时；多的达每周上四次课，一共五小时。大班授课的科目通常是入门课和必修课，在大的公立大学，“历史 101”这门课会安排在能容纳两百多名学生的教室里上，你要眯着眼睛才能看清站在前方讲台上手持麦克风的教授。甚或有向 600 名学生开设的课程，一部分学生甚至坐在附属的教室里在闭路电视上看着教授讲课。还有一个学院，由于要上一门必修入门课的人数太多，教授只得把自己的授课内容录了下来，在学校的有线电视播放。

幸好这样的课是不多见的——事情本来不该如此。这种情形下的授课是完全单向的：学生被当作一个个空罐子，等着教授用鸿篇大论的“知识”来装满。然而几乎所有关于教学的研究都显示，有效的教学方式应该是具有互动性的，能够激发学生对课程的兴趣，鼓励他们提出疑问，并学以致用。研究还表明，老师讲课时每隔二十到三十分钟转变一下方式有助于吸引学生的注意力。在讲解基本概念的过程中，教授可以停下来布置练习，让学生运用所讲的概念。如果是放一部电影，教授可以不时地停下来让学生提问。有时候要跟着直觉走，因为没有人愿意感到厌烦，而带着厌倦去学习是没有效果的。

适应大班授课

如果是大班授课，教授最好比较风趣。我的一位教授朋友这样理解自己在大班授课的入门课上角色：“我变成了演员，”他说，“而不是老师。”他是这样解释的：“如果你在课堂上面对的是三百名学生，你没有办法兼顾所有人。所以你最好让他们一直感兴趣，这样他们就愿意学了。”教授大多会通过讲故事或笑话来活跃课堂气氛。这一点在进行大班授课时尤为重要，因为所有学生的眼睛都盯在教授身上，教授必须抓住所有人的注意力，控制好整个教室的局面。

从读本科起，我一直不喜欢大班授课，尽管个中原因随着时间流逝发生了变化。求学时，我认为大学不尊重我，把我和我的家人都当成了傻瓜：我花了大价钱，却每天坐在两百人中间听一些“大师”给我讲上五十分钟的内容。现在，作为一名教授，我讨厌大班授课的原因是学生这样学不到多少东西。不可否认，好学生能记住整个学期所讲的内容，但他们也许不明白这些为什么重要，应如何应用，以及有哪些不足。如果在课上鼓励学生提问或通过做练习来参透相关概念，情形会好得多。这就是我为什么不愿意把大班授课当作单向的教学。即使我给两百人上课，也会像给二十五人的小班那样讲课，熟悉的人都知道的。我会在教室里来回走动，鼓励学生就某一问题表态，然后进行讨论。我会把全班学生分成几个小组来讨论某一问题，然后向全班汇报。我还会准备一些糖果，用来奖励主动参与角色扮演练习的学生。较之单向的授课，学生们无一例外都喜欢这样的课堂，我也是如此。

讲座—讨论型授课

我并不是吹嘘自己的教学方法很神奇、能够保证教学效果，但是给你一条建议：尽可能不要选你只能被动听讲和做笔记的课程。许多大学也意识到了这一点，所以会安排一些小的讨论环节。具体地说，你每周上两三次大课，并且参加一次由十到二十五个学生参与的讨论课。在上大课时主要是听讲和记笔记，而在讨论环节，老师会解答学生的相关问题，学生参与相关讨论，并通过不同的练习应用相关概念。

这种方式唯一的缺点是讨论环节很少是由教授主持的。多数学校会雇研究生或兼职讲师来组织讨论会。这也不见得是坏事，因为讨论环节多是为入门课程设计的，而研究生对如何熟悉学习内容更有体会。但如果你希望得到有经验的老师的指点，那么大班授课的课程就不是理想的选择了。但这里还是有一个例外。在有些课的时间表上，上大课的教授的名字也会出现在几次讨论环节中。如果你报名参加这样的讨论环节，你不仅有机会听教授讲课，也会在讨论环节得到教授更多的关注。

小班研讨会

以上介绍几乎仅适用于大规模的研究型大学，如威斯康星大学

(University of Wisconsin)、奥尔巴尼大学(University at Albany)、亚利桑那州立大学(Arizona State University)等等。如果规模较小的大学,尤其是文理学院,请尽量不要选择大班授课的课程,因为较之科研,这些大学更加侧重教学并重视小班授课,有的甚至宣传自己的学生—老师比例为7∶1。而大型科研院校也会开设小班研讨会,由老师来引导感兴趣的学生更深入地学习相关课程。

对大型院校而言,小班研讨会通常出现在大学生涯的两个时间点上。有的学校为新生开设研讨课,以便早早地吸引学生,让他们感觉自己和学校以及学校的课程是紧密联系在一起的,同时为他们提供积极的受教育经历。十年前,随着大学寻求增加学生保持率的新措施,面向大一学生的小班研讨会开始兴起。学生保持率指在同一学校始终就读直至完成学业的学生的比例。另外一部分小班讨论会是面对即将毕业的学生的,是他们大学教育的顶点。这样的小班讨论会被恰如其分地叫作高级研讨会,由相应的系或专业提供,通常是面向本专业的学生。有些情况下,高级研讨会仅面向优等生,即在本专业成绩出类拔萃、并对强度更大的教学(且往往是学期论文)感兴趣的学生,他们取得好成绩是各系的荣耀。

无论小班研讨会在哪个时间段进行,其教学方法通常是一样的。通常由老师布置阅读作业,鼓励学生进行批判性思考。这些阅读材料不像课本那样去描述一门学科,而是促使学生思考"为什么"的问题,比如:为什么作者要以那样的方式思考?为什么它与所探讨的题目具有关联性?为什么我们要相信作者(或者不相信他)?课堂上,老师会让尽量多的学生就阅读材料展开讨论。如果当天的讨论课是一个角色扮演练习,那每个学生都要参加。因为小型讨论会或小班授课旨在互动或参与,学生袖手旁观是不行的。

安排好自己的课程

大学里的授课方式差别很大。有时候，整个学期你都坐在两百人中间听教授讲课；有时候，你在容纳十五六个人的小教室里评价彼此的观点。这都让你有点怀疑自己上的究竟是不是同一所大学的课。课程的要求各有不同，会不会导致你的大学教育缺乏连贯性？你很可能会这么觉得，但是学校在安排多种教学方式时，实际上遵循着一个循序渐进的模式。总体而言，起初你会觉得上大课学习各科目的背景知识有些机械呆板，但慢慢地，你会在小教室里深入学习相应科目，并体验到更多的互动。这一过程中，你会得到全职教师更多的关注。在大教室里上历史入门课时，你也许连讲台上教授的模样都看不清楚，但是当你上过了历史方面的几门课程之后，你就会坐在小教室里与这位教授互动了。

但是我要提醒你，我并不是说事情本该如此。如果费用方面不成问题，最好是由教授组织有更多互动的小班授课，他既从事科研，又愿与尚在学习一门课程的基础知识的本科生一起分享自己的成果。在这样的情况下，学生才能受益最多。但是我也并不知道有哪一所学校全面实行这种授课方式，所以你要靠自己安排好自己的课程。关键是找到授课内容与研究领域一致的老师，与老师进行高水准的互动，并获得老师的关注。有几种方式可以做到这一点，比如：去发掘小型的讨论会或有趣的讨论环节，并且去办公室拜访老师，真诚地向他请教（我在本章后面的部分会说到这一点）。并不是只有小的文理学院才能提供优质的教育。就我而言，我在大学上过的最棒的课是大一时的“政治哲学”。这门课是大课，现在我已经想不起上课的内容了，但是主持讨论环节的助教非常棒。他了解学习内容，有办法让年代久远的材料变得具有相关性，并且在总体上是一个和善有趣的人。当时他只是一个倾心教学的研究生，如今已经成为有名的教授。

大多数大型院校里有很多这样的研究生，所以请不要因为一开始是助教和你进行大多数互动而烦恼。坦率地说，这正是大型公立大学的学费比私立文理学院便宜的原因。私立文理学院的学生有可能始终接受到更为个性化的教育，但从整体而言，综合性大学的经历也可以是同样兼具重要性和趣味性。在学科分布广泛、充满活力的综合性大学，教授从事着高端的研究，学生有机会参与到这些项目中，也有大量各种课外活动可以选择。这就是为什么学生可能更愿意上俄亥俄州立大学（The Ohio State University at Columbus）、华盛顿大学（University of Washington）和堪萨斯大学（University of Kansas）这类大学。但是——请注意这里重点强调——如果你想得到与小型文理学院所提供的一样的充满关注、侧重培养和个性化的教育，需要你自己来寻找和安排学习机会。你要尽可能地避开大课，查阅你未来老师的教学评价并挑选最重视本科生教育的老师，重视上课、阅读和参与课上和课下的讨论活动。事实上，无论你上的是什么大学，这些都是你应该首先考虑的问题。无论你的目标是学最多的知识、不无聊或至少是让自己的学费物有所值（或这三者的结合），你都应该遵循这些准则，从而在大学里取得最大的收获。

第一条规则：去上课

电影导演伍迪·艾伦曾说过，只要出场，便有80%的可能成为人生赢家[1]。如果这是真的，那么你只要去教室上课就能拿到B-的分数。当然事实并非如此（至少在大学里不是这样），但按时上课还是非常重要的。在刚刚花了大量篇幅批评教授照本宣科而缺乏互动的授课方式后，我又说上课很重要，为什么呢？这里有两个答案，分别从理想和现实（或世俗）的角度出发，也许有一个会打动你。即使教授在课堂上念幻灯片，学生也有大量的内容需要理解、消化和综合，这是掌握一门课程所必需的。

理想的情况是老师能够下更大的功夫让学生分析和应用所学的知识——这一过程最好通过充满互动的练习来完成。但即便你要完全依靠自己，上课能帮助你理解所涉及的内容。如果你注意听讲，你可以通过教授举的例子掌握如何应用所学的内容。研究表明，我们是通过多重机制来学习的[2]，意味着仅仅通过听老师描述与书本内容类似的概念，你就能明白有哪些要点，以及这些要点是怎样联系在一起的。

如果你很幸运，你的教授在课堂上安排了很多互动，比如就书本内容展开讨论及其应用、角色扮演等，你就会获得足够多的方式来学习一门课程。但也许还有更重要的一点，那就是这种教学方式能够激发学生的兴趣，让学生产生灵感。归根结底，你要去寻找让你感兴趣的内容，无论它多年后会成为你的职业还是业余爱好。如果你仅仅自己阅读相关内容而不去上课，你就不会获得本可以获得的智慧活力，或者体会到那种兴奋之情。

说到这里，如果你还是不想去上课，那么让我从更为实际的角度这么说吧：教授通常会在课堂上提供一些对学生的考试有所帮助的小道消息。其中有的是正常教学过程的一部分，因为教师往往在考试中考查教学所涉及的内容，包括课下阅读和课上讲授的内容。我在出考试题时，也出过只在课堂上涉及过的冷僻内容。有的大学会给来上课的学生加分，而给无故不来上课的学生扣分。如果你仅仅在教室里坐五十分钟就能给自己的成绩提分，何乐而不为呢？

我建议学生去上课。大学里有很多事情可能让你分心：公路旅行、酒后宿醉、校园爱情、各种运动……一切似乎都要把学生从教室里拉出去。其实没有几个老师会期望你整个学期一节课都不缺。大学课程常见时间设置是每周上两节课、每学期十四周。如果你缺课多于四次,那么就会有麻烦了。类似地,如果是那种每周一次、每次两到三个小时的小班讨论课,缺课两次以上就成问题。你缺课越多,就越难赶上进度和理解所讲的内容;如果你担心自己的期末成绩徘徊在过与不过之间,你的教授可能不会愿意让你好过。除非你是因为不可控的原因而缺课(比如生病、家里有急事或服兵役),请不要指望教授愿意在学期末花很多时间为你解答你因为缺课而没有机会问的问题。

曾经有学生对我说,对于讲座型课程,他们只要借同学的笔记就能够搞定。有些课程的老师甚至还会把他们的讲课笔记或幻灯片上传到网上共享,比如"黑板"(Blackboard)就是这样的一个网址。如果一门课完全是讲座型的,即仅仅是老师讲课、学生记笔记,学生这么想有一定合理之处。但即便如此,不上课还是有三个风险。首先,你不能指望你的同学的笔记做得和你一样好,或者比你更好。借笔记不是一个好主意,因为你可能看不懂同学的匆匆写就的内容,不明白其间的思考过程。你的同学懂得那些内容,但是你因为没看懂笔记就会错过这部分。第二,教授上传的讲课笔记很少包含对学生课上所提的问题的解答。通常这些问题代表了其他学生对于课程内容不够清楚或持有疑问的地方,这些都是教授能够解决的。如果你不去上课,就永远不会知道这些问题是怎么被回答的。最后一点,我又要回到多种学习方式这个题目上来。如果你仅依靠阅读材料和打印出来的讲课笔记,你就不可能理解这些概念是怎么形成一个整体的。

关于座位

学生走进教室后,首先要找地方坐好。如果是用于开展研讨会的小教室,答案很简单,因为教室里通常有一张圆形或长方形的桌子,大家围着桌子坐就好。如果是更大的教室——比如宽敞的阶梯教室,那么坐在哪里比较好呢?答案很简单,挑一个比较靠前、能够看清和听清老师讲课,同时也能听见教室里其他同学的提问和发言的座位。如果你的教授采用座位表,请在座位固定下来之前尝试坐在多个不同的位置。你坐在哪个位置上学习效果最好?你能否坐在后排而不被干扰,还是愿意为了感受更加生动的讲课效果而坐在前排?如果你坐在前排,会不会因为看不到其他同学对授课内容的反应而感觉缺少了什么?这些答案都是因人而异的,但是我有一个建议:一旦你找到了最适合自己的位置,请尽量一直坐那附近。从教授的角度来说,如果我们能够更好地确定学生坐的位置,那么就会更容易地记住他们的名字、观点以及了解他们参与课堂讨论的意愿。

一些学生似乎本能的青睐两种位置,即前排或后排。坐在前排的学生无疑往往具有强烈的学习意愿。他们一边听讲一边点头,认真做笔记,遇到不懂的地方提问,或者在必要时表达自己的想法。他们愿意坐得离我近些,以便更容易地参与讨论和与我互动。但是,我更希望这样的学生能够坐在教室里的不同位置。

在教室的另一头,即最后几排,坐的是最不认真听讲的学生。他们有的上网,有的给朋友发短信,甚至和别人聊天或者睡觉。这里不包括那些因为夜以继日地用功、在课堂上因教授喋喋不休偶尔打个小盹的学生。这种事情在我的课上发生过几次,尤其是那种为了负担学费而必须在夜晚打工的学生身上,偶尔几次是情有可原的。最成问题的是那些不情愿却不得不来、来了既不记笔记又不听讲的学生。

对教授而言,上课睡觉的学生表现得极为失礼。这其中的原因可能和你能想到的不太一样。当然,学生通过这一行动隐约传达着一个信息:我们何其乏味,都让他们睡着了。但更重要的是,一个上课睡觉的学生向其他同学传递了这样一个信息:他们觉得听讲是浪费时间。

所以，如果你来上课——说实话，想学得好就必须来——就做好认真听讲的准备。如果你在课堂上总是上网、与别人讲话甚至是睡觉，那你就要认真反思一下，从自己身上找找原因。也许这是门必修课，你没有其他选择，只能坚持下去。但如果这门课真有那么枯燥，你可以尝试别的内容。或者如果你有足够的勇气，课前或课后找老师谈谈你的感受。好的教授会重视这种反馈，以便让授课内容更加贴近学生。如果你在许多门课上都无法集中注意力，那可能是你选择的课程不适合你，或者学校不适合你。甚至还有一种情况，那就是你不适合上大学。如果你决定花时间和金钱上大学，你就应该认真对待，充分利用好大学时光。

第二条规则：勤读书

开学第一天，教授会发给大家教学大纲。有时教学大纲会在网上公布，或在开学几周前发到学生的邮箱。教学大纲类似于一门课的导语或综述，对课程要求和打分方法进行说明，概述教学安排，并规定每节课的阅读内容。教学大纲会列明你要购买的书目，并提供你需要阅读的文章和其他材料的相关信息。

学生经常问我应该什么时候开始为一门课程进行阅读准备。学生通常在五月初提出这个问题，他们选好了秋季学期的课程，想知道阅读书目的内容，以便利用夏天这段时间进行准备。我事实上并不建议学生在夏天就提前做阅读功课（我可是冒着自己的博士学位被取消的风险这么说的）。夏天应该是放松和休整的时节，你应该去探索新的感兴趣的事物，而不是在学习上往前赶。另外，你在六月看的书，十月上课时恐怕已经忘了相应的细节。当然提前阅读没有什么错，但如果你非常想得到优秀的成绩，在上课的学期里还是要回过头来再读一遍的。

对教授而言，如果他最大的忧虑是学生想提前几个月就完成阅读要求，那他可要欢欣鼓舞了。遗憾的是现实从来恰恰相反，老师要费尽各种力气来督促学生完成阅读作业。教书近二十载，我的体会是这个情形愈演愈烈，但是不确定为什么。也许是因为越来越多的学生来上大学不是出于对学习的兴趣，而是为了找到好工作。因此，他们并不理解读书和他们的职业目标之间的关系。另外，学生们在屏幕前花的时间也越来越多——包括电视、电子游戏和上网等——更多的学生会觉得书本和文章“枯燥无味”。老师们一直在寻找让学生对书本感兴趣的新办法，我们也一直努力跟上能够生动展现课程内容的诸多新技术。即便如此，阅读仍是任何一门课程的核心组成部分。如果你不读书或读得不仔细，可以说绝对不能取得好成绩，也许通过课程都是问题。

不同的阅读材料

阅读材料通常分为两类，一类是讲述和解释说明，一类提供新的想法或发现来激发新的灵感。教科书通常属于第一类，通常是入门课程的指定书目。在入门课上，教授尽量传授基本知识，比如地质形态的明显特征、宏观经济需求的各个组成部分、大脑构造中影响情绪的部分，等等。这些读物提供概念和事实，解释各自的含义、它们为什么重要以及如何组成一个整体。忽视这些读物就会打不好基础，也掌握不了学这门课要遵循的原则。

我认识一些学生，他们认为自己可以不读书，只要去上课并且做好笔记就行了。事实上，有的课程上的确可以如此。有的老师只讲课本上的内容，基本上是对书本内容的重现。那么学生要问了：为什么同样的东西要学两遍呢？学生的这个质疑不太好辩驳，因为如果老师在课堂上只是照本宣科，对学生的确没多大好处。我猜是因为有的老师担忧学生的阅读习惯不好，为了确保所有的学生都为课程打下了基础才那样做的。但这种做法对懒惰的学生有好处，而对勤奋的学生不利。此外研究显示，亲自实践概念比机械的照本宣科能让人学到更多。

尽管如此，即便你的教授愿意“照本宣科”，上课前阅读也不失为一个好的做法。如果仅采用一种方式，你可能会漏掉一些事实或概念。所以要把二者结合起来以确保没有遗漏，发现并弄明白自己不确定的地方。另外，这样有助于向教授提出与阅读材料相关的问题，让他了解到你的用功程度。

大多数教授会从阅读材料出发，展开更深入的课堂讨论，即便是在侧重基本概念的入门课上也是如此。假如你在上政治学的入门课（这也是我上大学的第一门课），你当然可以通过阅读材料来理解为什么托马斯·霍布斯（Thomas Hobbes）认为生活是“肮脏、残酷和短暂的”，也可以去上课听教授如何把霍布斯和同时代的哲学家进行对比。但是如果你没有在教授的指导下进行这些理论的含义和区别方面的练习，你恐怕不能运用霍布斯的理论解决生活中的问题，或者将他的研究方法同其他人的区分开来。如果你上课之前不做阅读功课，就很难做到能够分析和应用相关理论。我向你保证，最棒、最有趣的课程是那些鼓励你在课堂上将各种概念“为你所用”的课程，即便是入门课也不例外。但只有你在上课前做完阅读功课才能达到这样的效果，否则你就会什么也不懂。

如果说入门课程的阅读材料以描述性为主，那么其他课程的阅读材料的设置是为了向学生介绍某个领域中的不同观点，并鼓励学生就相关问题形成自己的观点。在《犯罪学》课程上，老师会让你阅读就犯罪原因持不同观点的文章，比如认为犯罪是由环境原因导致的，或者由罪犯的个人原因导致——不要担心，教授不会要求你消化大量的文章，并且在来上课的时候对这个问题已胸有成竹。教授主要是向你提供了关于了解这个宏大题目的一扇小小窗口，促使你通过发现这些文章的长处和短处来分析其论证过程。如果你忽视了这些阅读材料，那么在听课时就会没有头绪。虽然通过倾听老师和同学的讨论，你有可能会了解这些文章的内容，但你不一定会真正理解这些内容。而且由于你不知道大家会讨论什么，也就没有办法参与进去。

必读内容与选读内容

如我所言，上课的第二条规则是勤读书。这是一个实践的问题。许多教授会在教学大纲上分别列出必读内容和选读内容。无须多言，必读内容是你必须完成的部分。你最好在要讲到这部分内容时前几天完成，以便课上讲到时还有印象。关于选读部分，让我这么说吧：我在本科阶段从来没有完成过。坦白地讲，我觉得完成必读内容，同时参加一些课外活动已经有足够的挑战性了。学生是否会因为没完成选读内容而错失了更完美的教育经历？也许是的。后果很严重吗？我认为不至于。坦率地说，我一直不太明白为什么教授要列出来选读内容，至少本科阶段的教学大纲这样必要性何在。如果你确实对一门科目感兴趣并且也有时间，你当然可以完成选读部分。但如果你的老师是位好老师，他不会要求你一定掌握选读内容，也不会因为没有完成这部分而扣减掉你的分数。

如何保持阅读进度

对我来说，在大学阶段保持阅读进度是一种挑战，因为我读得很慢——过去和现在都是如此。你也许不是这种情况。但在每学期开始前，你应该为课前阅读留出比你预计需要的更多的时间。一般而言，对于课上的每一个小时，老师希望学生在课下的准备时间是一到两个小时。如果你上一门三个学分的课程，那么每周要留出至少六个、最好九个小时用来完成阅读作业。你很可能实际上用不了这么多时间，但在你了解某一门课程的阅读材料的难易程度以及你一般要花多长时间攻克它之前，保险起见，最好多留给自己充裕的时间。对于非技术性的文章或书籍，我的阅读速度是每小时六十页。但如果是教材或内容包含复杂公式或概念，我的阅读速度就会减半。知道了自己的阅读速度后，你就能安排好每周所需的阅读时间了。

阅读时注重内容

如果你被大学录取，我猜你在高中阶段就懂得如何通过积极阅读来掌握书中内容。你把课前阅读看成一个充满互动的过程，首先粗略看一下整体内容，然后通读，最后用画线和做笔记的方式提示自己哪些是重点内容。你要对关键术语、重要的人名和地名以及核心概念及理论的定义做出标记，也许还会简单记下某些概念之间的相互联系，或者想要提的有趣的问题。

我上大学时，大家经常用彩色笔标注课本上的重点内容，并且在书页的空白处简单地做笔记。但如今，学生可能读的不是实体书，或者不愿意在书上做标记，以便在学期结束时可以把书卖出去。无论你是采用哪种方法，在读书的过程中主动做笔记非常重要，你可以记在电脑里、另外一张纸上或是书页本身。接下来我举一个具体的例子。几年前我出版了一本关于仇恨言论监管的书，下面是摘出来的几段，内容是讨论法庭对仇恨言论的对待方式。现在，假设你是在跟着我上关于《第一修正案》的课程，接下来我们要讨论仇恨言论是否能作为自由言论受到宪法的保护。如果我是上这门课的学生，我对待这几段内容的方法如下。你会发现我不但对书中的一些内容做了标记，而且在书页的空白处做了笔记：

自由言论和公开发表的言论是受《第一修正案》保护的权利。根据法庭的意见,《第一修正案》采用了“表达”这个词,这个词通常用来表示言论的意思。当然,某些行为也可以是表达性的,包括焚毁国旗(德克萨斯州诉约翰逊案)、烧毁兵役应征卡(邦德诉弗洛伊德案),或身穿具有攻击意味的服装(科恩诉加利福尼亚州案)。但在大多数情况下,法庭对言论和行为是区别对待的,前者是表达性的,受到宪法保护,而后者不是。

第一修正案＝表达
言论 & 某些行为

是否知道这些案例?
德克萨斯州诉约翰逊案
邦德诉弗洛伊德案
科恩诉加利福尼亚州案

从历史上来说,法庭限制五种言论:淫秽;诽谤;时间、空间或方式有所限定的情况;明确而现实的危险;以及挑起争端的言论。《猥亵法》可以追溯到清教徒时代,当时认为一些过于淫荡和猥亵的言论应当被限制。《诽谤法》允许人们控告故意诽谤其名誉的人。时间、空间或方式有所限定的情况与其字面含义一致,允许公共机构对发布言论的方式,而并非其内容,予以合理的限制。抗议者不可以凌晨两点在你的卧室外用大喇叭抗议,但他可以在更为合适的时间地点表达他的观点。类似地,明确而现实的危险,法庭会对即将引发他人犯罪或危险行为的言论进行惩罚(布兰登伯格诉俄亥俄州案)。一个典型的例子是在拥挤的剧场里喊“着火了!”此时说话人发表言论的权利与观众在逃离过程中的踩踏危险相比,变得不再重要。法庭对此的理解非常狭隘,认为只有极端恶劣的言

5 种限制情形
1. 淫秽
2. 控告
什么是诽谤?
3. TPM(“时间、地点和方式限制”的缩写)
4. 明确现实的危险
布兰登伯格诉俄亥俄州案
狭隘理解
5. 挑起争端的言论
查普林斯基诉新罕布什尔州案
现仅包括后半部分

论才够得上是危险的。最后一类，据说关于挑起争端的言论的法律是为了保护公共治安。1942年，高级法院在查普林斯基诉新罕布什尔州案中第一次确认了这一罪行。这一术语最初指“一说出口即构成伤害”和“将破坏安宁”的言语。但随着时间的流逝，这一定义的范围有所缩小，到了二十世纪六十年代中期，仅包括后半部分，即“将破坏安宁”的言论。

首先，我会看一下本节整体内容，知道它是关于法律对言论的若干限制情形的。这对理解本节内容有所帮助，因为你已经知道了它要讲什么。接下来，我会重点标注或用下划线标出术语、定义以及对它们的释义。所以在第一段里我标出了关于《第一修正案》保护对象的内容（言论及表达性的行为）。在第二段里，我标出了可能受到监管的五种言论及其定义。我也对所举的案例做了标注，因为课堂上讨论关于宪法的内容时，我可能需要知道它们的含义。

我猜你对这种标记方法并不陌生，有的人可能还有不止一根荧光笔用来在阅读过程中做标记。我就知道一个用不同颜色的笔在书上做标记的学生：一种颜色标注背景知识，另一种颜色标注定义，第三种用来标注要点的衍生内容和结论。我并不十分推荐这种方法，毕竟有点太刻板了，但它的初衷是好的，可以帮助你把阅读材料中的要点及其含义区分开来。

在文字右边的空白处，你能看到我也记了一些笔记，这是为了更好地概括和梳理相关内容。例如我把言论限制的五种情形分解成了一个清单，以便自己能够记住各自的内容。我因第一次接触到某个概念而理解得不够透彻，或者言论限制的情形随时间的推移而发生了改变，就在旁边做了笔记，好提醒自己在课上提问或者意识到法律限制的情形会随时间而变化。

例如我在“明确而现实的危险”旁边标注了“狭隘理解”，以便提醒自己：法院只认为一小类“危险”言论有必要进行限制。类似地，我在“挑起争端的言论”旁边注明“现仅包括后半部分”，来提醒自己，查普林斯基诉新罕布什尔州案中关于挑起争端的言论的证词后来经决定仅保留了后半部分。我还把另外一个稍长的法律术语“时间、地点和方式限制”缩写成了“TPM”，因为我更擅长用记忆首字母缩写词的方式记住一个术语。最后，我在旁注里写下了两个问题。在所摘选章节的第一段里列举了几个案例，我注意到学生有可能需要了解这些案例。毫无疑问，课堂讨论将会让我明白是否有此必要性。但如果我还是不确定，我就要问教授我们是否需要了解这些案例的名称和内容，或这些案例仅仅是为了举例之用。另外，我也在文章里不太明白的地方做了标注。诋毁在《诽谤法》中有所体现，但它（在这个小的章节里）并没有解释什么是诽谤性言论。我需要在课堂上问教授来把这个问题搞清楚。

设想问题

课前阅读非常必要，但它不代表你上课前的所有准备工作。还有一步是设想这些材料将如何在课堂上被应用。关于上面摘选的章节，教授无疑是想让学生了解言论限制的内容及其依据。但是学生掌握了法律术语不见得能把这些定义运用到现实中去。所以上课前，我会设想一些可能包含这些术语的事实情形。如果中午有人在我的办公室外用恶意的绰号称呼我，警察是否能逮捕他，或认为他扰乱治安？如果他早晨七点在我家前院敲响铙钹，又会有什么结果？称职的教授绝不会让学生对这些法律术语的理解仅停留在字面定义上。他会让学生尽量运用这些概念，从而更好地理解相关理论以及言论限制的界限。

对于有的课程，阅读材料在课堂上的应用可能不那么明显。举个例子，你在读一本关于细胞分裂的生物教科书，下节课的内容有可能是细胞增殖过程。但是你可能无法预料课堂上具体会讲到或者讨论哪些内容。对于这样的课程，有效的做法是去看教科书空白处或相关章节末尾所提的问题。几乎所有的教科书会这样编排，目的是让你对刚学过的内容进行整合。无论这些问题是否会在课堂上涉及，提前把这些问题过一遍有助于你从课堂讲解或讨论中取得最大收获。

做这些准备工作并不意味着你来上课时对阅读材料已经了然于胸，或者掌握了如何运用其中的内容。阅读材料里会有很多让人困惑的内容，而好的教授会宽慰学生，他们并不需要一上来就领会全部内容。一门很棒的课程的挑战之处，也是优秀教授和勤奋学生的共同职责在于情愿在困惑中跋涉探索，直至完全理解。所以如果你读过之后也不明白其含义或如何应用，此时不需要担心。

你要在课下做好准备，上课时告诉教授你有哪些问题不懂，为什么会感到困惑，好让教授帮你理出头绪。如果你只是简单地说"我读了，但是没读懂"，教授不会明白你的困扰所在。如果你说："我读了关于言论限制的内容，但是还是不清楚'引起争端和言论'和'诋毁'有什么区别"，教授就能更好地明白你的困扰，帮助你更好地理解所读的内容。另外，你问问题是在告诉他，你确实认真读过了，这样教授会更愿意帮助你。教室就像一条双行道，教授在那里等着帮助你，但是你要做好分内的事，你要有学习的意愿，并且上课时是有备而来。

第三条规则：做笔记

站在讲台上时，我希望看到学生们奋笔疾书或在用电脑记笔记。

我并不赞同学生记下我说的每一句话，但是如果他们想回忆起课上所讲的内容，必须有效地做笔记。大多数教授不允许学生把讲课的情形录下来，除非他确实无法做笔记。所以你必须依靠自己的笔记来还原课上的内容。多年以前，我们可能允许学生在课上录音，尤其是当有的学生确实有事不能来上课时。但在这个网络发达的时代，教授出于谨慎，不再允许学生在课上录音了，以防他的讲座被传到网上，知识产权被侵犯。（不要笑，这种事情发生过。）

你们在高中时应该都学过怎样做笔记，但是大学里要求你记录并记住的内容要多得多。有的教授会向学生提供每节课的要点，我还认识一些教授把自己的授课笔记贴在班级的内部网络上。但你往往不知道上课时教授会讲哪些内容，你需要随着课上讨论的展开而做笔记。

讲座课上做笔记

上讲座课时，你可能想记下教授所说的每一句话，但这样失去了做笔记的意义。你应该注意重点部分和关键术语，把这些内容记下来，如果有相关定义也记下来。然后注意听教授是怎样讲解这些概念的。他讲到了这些术语的局限性了吗？他有没有讲这些理论是如何演变的，人们为什么赞同它们？他是否把相关术语和概念联系在了一起？无论教授本人的观点如何，你的目标是弄清楚这些术语为什么会被提到、它们有什么含义、在哪些方面适用以及为什么重要。你不仅要能理解这些问题的答案，更重要的是要能很好地用自己的语言将其表述出来，以便几个星期后回头再看这些笔记时仍然能够理解要点。

在研讨会或讨论课上做笔记

在讨论课或者研讨会上做笔记和上讲座课做笔记不一样，因为你不用把同学们的发言都记下来。讨论会的目的是鼓励你运用所讲的概念。所以你要放下笔、合上电脑，跟上辩论的思路，理解所讨论观点的适用范围和局限性。如果你感觉某一论证非常有说服力，把它连同自己的想法都记下来。至于缺乏说服力的论证，也写下来你这么认为的理由。对于那些和之前课堂上讲过的知识点有联系或阅读材料中涉及的内容，要尤其注意，因为这些是老师非常希望你们掌握的首要内容。有的老师会在每节课结束时总结当堂讨论的内容，里面包含了老师认为的讨论过程中最切题的部分，你也要把它记下来。你完全不用迎合你的同学（甚至教授）的观点，与此相反，讨论课或研讨会的目的是为了鼓励独立思考。但到了考试的时候，你还是要知道教授认为哪些内容是重点（更多关于考试的内容请见下一章节）。

梳理笔记内容

下课并不意味着做笔记的过程结束了。趁大脑里还有印象，你要用一部分时间仔细阅读并梳理笔记内容，如果不这么做，你在准备期末考试时可就糟糕了：笔迹太潦草，自己都不知道写的是什么，或者不能回忆起它们和课程内容或考试有什么相干。课后梳理笔记只会占用你不到十五分钟的时间，但这个时间绝对花得很值。梳理笔记时要注意三点。首先，要确保笔记里有课上讲过（或阅读材料里提到过）的所有术语、概念、理论或过程的既成定义；第二，看自己是否掌握了上述术语、概念等的相关性，笔记里是否写清楚了原因，以及自己如果几个星期后再回头看能否看懂；第三，确保你的笔记能反映出这些术语和概念是如何联系在一起的。

我来举个例子。假如你选了一门水文科学方面的课程，这一天的课是关于农田径流对水质的影响。课后复习笔记时，你希望自己能够清楚农田径流里包含哪些化学物质或成分（如氮、化学肥料、粪肥等），它们是如何渗入环境水的，它们进入当地供水系统后会有什么影响，以及为什么会产生这些影响。这些内容上课都应该讲过，如果你注意听了，也可能做了笔记。下课后再花几分钟回顾笔记，你会更加明白并更好地记住这些知识点，考试复习就会变得更容易。如果出于某种原因，你的笔记里缺少某些内容，你要趁现在还记得这件事时请教老师、查资料或者问同学。每节课后花几分钟，在这学期后面的时间里你就会节省很多时间，也会减轻自己的焦虑和挫败感。

关于做笔记，再说最后一点：如果你缺课了，一定要向同学借笔记。教授没有义务向你提供他的授课笔记。另外，如果是研讨会或者讨论课，教授有可能根本不准备笔记。为了我们双方都好，千万不要在上课前蹭到教授身边问出那个极不光彩的问题："我上节课没来，上节课讲重要的内容了吗？"尽管大多数教授都很有修养不至于说出口，但是我敢保证他们正在心里酝酿着一两个不太客气的回答。如果教授说："是的，我上节课讲了期末考试保过的秘诀"或者"没什么重要的东西，我来教室就是听自己的声音的"，你就该知道面前的这位教授已经不止一次听到过这个愚蠢的问题了。大多数学生在问这个问题时并不是要触犯教授，但这个问题显示出学生没有正确认识自己在受教育过程中应该承担的责任。如果你病了很长一段时间，或者家里出了急事而不得不缺课，大部分教授会帮助你补上。但如果你就是想翘课，你得自己负责把错过的内容弥补回来。

第四条规则：多发言

在有的课程上，课上讨论或发言的情况有可能会成为老师给学生打分的一个因素。我曾在一所文理学院任教，课堂表现占期末分数的比例非常大，最多达到25%。与此相反，在我后来任教的大的研究型大学，教务负责人不允许教师把课上表现计入学科成绩，但是我们可以把出勤率考虑进去。我现在仍不知道这条规定的道理何在。

课堂出勤并不能代替课上表现。这不仅因为学生的课上表现可以说明其对一门课程的参与程度，而且如果你重视在课堂上发言，你就会学到更多，而课程也会变得更加有趣。我也知道这说起来容易，做起来难。有时一些大班授课的讲座型课程不鼓励学生提问，当然了，有的学生本来就更害羞一些而不愿意提问。

多年前我读大一时，上过一门经济学入门课。教室能容纳两百多人，坐在后排的同学如果不用望远镜，根本看不清楚站在前方讲台上的老师。如果教授要回答每一个学生的问题，他的课就讲不完了。但情况即便如此，这位教授还是有办法的，他鼓励学生把问题写在小纸条上传上来。我想他这么做是为了让最害羞的学生感到困惑时也可以通过写匿名纸条的方式来提问。但不幸的是，这个方法有点事与愿违，学生利用这个机会问了非常稀奇古怪的问题，但令人称道的是，教授对这些问题都一一解答了。这些问题包括：他为什么总戴着多年前买的、颜色夸张的领带；为什么无论走到哪儿都戴着一顶俄罗斯裘皮帽；凯恩斯经济学只是乔装了的、适用于上流社会的马克思主义这一观点他是怎么看的，等等。尽管教授不得不中断了讲课回答这些问题，但同时这也让他显得更加亲切有趣。

发言

你一定能想到，我不喜欢老师对着学生照本宣科的大班授课。我经常敦促我的同事努力在课上安排更多互动。这就是为什么讲座型课程总会有一些小的讨论环节。但即便是上大课，如果你感到困惑，也要打断老师并提问。但如果一所大学要求你“坐好了听大教授的精彩讲课，有问题的话留在讨论环节让研究生回答”，这显然是不公平的，它浪费了你的金钱。如果你感到困惑，想知道一个概念是如何与其他内容甚至你周围的世界联系在一起的，你可以打断教授并请他回答你的问题。优秀的老师会非常赞赏对你这样的做法。这等于告诉他们，教室里有人在认真听讲，教室里在座的是真正的学生而不是被动的消费者，也会让他们重温上课的终极目的：引发与学生之间充满智慧的对话。从学生的角度来说，你的收获不仅是问题得到了解答，而且你的提问带来的中断有可能让老师摆脱固有模式，课堂由单向授课转向了对话。

除了大讲座外，你实在没有什么理由不参加课堂讨论。在同老师一道梳理所讲内容的衍生情况和局限性时，你才能真正学到东西。别人发言时自己坐在位子上沉默不语，就像在垒球比赛中当观众和当选手之间有巨大的差别一样。为了看比赛，你可能会了解一些规则，但是你不能仅靠观望来获取打比赛的技能。

为什么发言

可能有的学生此刻仍然有抵触情绪，比如参与诸如物理定律的讨论，又能有什么好处；聪明的学生记下来速率的计算公式即可。我可以从理论和实际角度出发，给出三点理由。

第一，即使是那些建立在公式、定律或方程式的基础上、“技术性最强”的科目，也具有充分的讨论空间。科学家一直在探讨为什么世界按照现有方式运转，公式的含义都是什么，其应用范围能扩展到何种程度。上课能够让你接触到从事特定领域研究的学者。当然，首先你要掌握基本术语，但是接下来就是真正的学习实践了，即要了解一门学科的适用范围，这也是疑问产生的阶段。通过提问和参与课堂讨论，你会实现来到大学受教育的最基本目的，即满足自己的求知欲。

第二，参与课堂讨论的一个更为实际的理由是确保自己理解所讲的内容。多个研究显示，通过参与才能在学习过程中有最大收获。举个例子，在讲到宪法条款的法理基础时，你可能会在笔记中草草地写下其释义，但是如果你不参与课堂练习，怎么能立刻把这一理论运用到实际中呢？如果我解释得不清楚怎么办？如果我一开始举的例子你听不懂怎么办？如果你还想知道这一条款有哪些不适用的情形呢？如果你不主动提问，也不练习运用所讲的概念，就不能按照要求充分掌握课堂上讲过的内容。

说到这里，就是你要参与课堂讨论的第三个，也是最为功利的一个理由了，那就是你的期末成绩。我向你保证，成绩最好的学生在课堂上也是最活跃的。他们不仅因为自己的问题得到了解答而对课程内容的理解更深入，而且如果老师犹豫在 B+ 和 A− 两者间给他们哪个成绩时，最后会考虑到其课堂表现而选择 A−。这类学生在教学大纲规定的课堂表现方面会得满分，老师会记住他们的名字和长相，认为他们是最勤奋的学生。即便是我五年前给两百人上一门的课，我仍然能说出班上十个最好的学生的名字，他们总是能在课上提出好问题，让课堂变得更加生动精彩。在这方面，许多教授都有和我相同的感受。

如何发言

关于如何参与课堂讨论，我有一个建议，你在上高中时可能对此不陌生。一个学生在一节课上举手提问或回答问题的机会是有限的。上课的人数越多，每个人获得的机会就越少。如果上课的人数超过一百人，你每周只有一到两次机会。如果是七个学生参加的研讨会，那你每小时里参与的次数能达到十次。据说奥利弗·克伦威尔（Oliver Cromwell）曾在一次指挥军队过河时要求士兵“（做好准备）保持你们的火药干燥”。你也应该准备好，在感到困惑或者想到一个能够推进课堂讨论的想法时，利用你的发言机会。有的学生，无论是上什么课，在整节课几乎始终把手高高地举在空中,令教授过目难忘。你最好不要这样做。一些学生发言时,声音小得只有自己能听清;而另外一些似乎没有在幼儿园里学会如何去分享。你在参与课堂讨论时,既要给老师留下印象,又要给其他同学留出足够的参与机会。

如果你很害羞,那怎么办?当然,有的学生是比其他人更害羞一点。我曾经见过学生因为要在二十人面前讲话而脸红和流汗。这种情况下,你要给自己施加一点压力,促使自己参与课堂活动。但是促使并不是强迫。有经验的老师会看出哪些学生并不是很有信心,从而让他们回答有确定答案的问题,让他们有机会练习课堂发言。如果你不敢参加课堂讨论,那么就听教授提问,若认为自己知道答案就举手回答。如果这样还不行,那就在下课后或去办公室找教授,向他介绍你自己。问教授关于那天课上的问题。你经常这样做的话,老师就会记住你,并为你答疑解惑。用不了多久,在课堂上向老师提问就不再可怕了。

第五条规则:多请教

几乎所有的教授都会在教学大纲上写明自己的工作时间,以便向学生提供课后辅导。这样的做法可能让你感到陌生,因为你上高中时可能从来没有在课下找过老师。大学通常要求老师每周准备一到两个小时的时间来对学生进行课后辅导。这种辅导通常是在办公室,所以有了“办公室时间”这个词,但我也知道一些老师在咖啡厅或餐馆里进行这项活动。但令人难过的是,很少有学生会利用这一机会。事实上,我的许多同事都把课后辅导时间当作“休息时间”,因为很少有学生会来找他们。这是为什么?很多学生无疑认为学习仅限于在教室内。“我做课前阅读、上课、写论文,也参加考试,”他们这么想,“但是并没有报名做更多的事情。"其他人可能认为课后辅导是留给那些在课上遇到了麻烦的学生的。"如果我没有落后,为什么要去找老师补救,听他再讲呢?"他们或许会这样想。而更多的学生会畏惧教授,怕自己因为无知而被教授轻视。

让学费物有所值

以上理由都是完全错误的——或至少应该是错误的。我不断告诉学生,利用好课后辅导才算真正地让大学学费物有所值,上大课时尤其如此。想想一个三百人课堂的师生比吧。教授花在你身上的时间和注意力是多少呢?非常之少。认为教授知道你是怎么学的、你懂了哪些没懂哪些,有多大的合理性?可以说完全没有。但如果你在课后向教授请教,就会得到他全部的注意力。不理解某个概念?这里有一对一的听课机会。想知道课程内容和另一个领域之间的联系?你可以和教授一起探索。注意到教授在当地一个爵士乐队里当鼓手,而想和他聊聊一个艺术新星?他将乐于倾听。

有一个事实学生可能不太理解:大部分教授,甚至非常有名的高级教授都愿意指导学生。我们欢迎你来找我们谈话,尤其是双方都感兴趣的话题。这是我们选择这一职业的原因之一。许多小的文理学院的学生似乎本能地知道这一点。在文理学院,师生间的距离很近。因为是小班授课,学生会获得老师更多的关注。学生很容易遇到教授,在有的学校,教授甚至住在宿舍楼里。学生们习惯了随时随地和教授交谈,那么在课后辅导环节继续这些谈话是再自然不过的了。在这样的校园里,几乎可以全天看到教授的身影。

推荐信

你是否仍然不确定花时间参加课后辅导是否值当?让我再用另

一个更为实际的理由说服你,那就是推荐信。我会告诉学生,我只为自己非常了解的学生写推荐信。这意味着他们至少要上我的一门课,刻苦学习,发挥自己的最佳水平。这同时也意味着我也有了一个机会了解学生的兴趣所在。有的学生按时上课,愿意与大家分享他的想法。也许他在下课后会留请老师讲解讨论过程中涉及的某个观点,或者他在课后向老师倾诉上大学的原因和毕业后的志向所在。并非所有教授都和我的做法一样。但是这些年间我参与过就业指导和招生录取工作,我知道哪种推荐信能帮你找到工作。篇幅较长、内容更为翔实的推荐信表明教授对自己推荐的学生非常了解。请看下面这封推荐信:

> "约翰·史密斯两年前上过我的说明文写作课,并获得B+分数,成绩在同学中占上游。他是一个很踏实的学生。"

写上述推荐信的教授是否了解该学生?我不觉得。你确定会雇佣这个学生吗?也许不会。现在,把这封言简意赅的推荐信和另外一封对比一下:

> "简·格林三年前上过我的公共政策课。她后来又上了我的两门其他课程,其中一门以高级研讨会的形式进行。她经常课后来向我请教怎样自主学习,这增进了我对她的了解。在那段时间里,简将其在公共政策领域的兴趣聚焦到了目前研究的移民改革方面。"

如果教授写这封推荐信时的确下了一番功夫,那么它很可能有较强的说服力。而且这封信的确为教授的推荐打下了一个基础。我所写的最有说服力的一封推荐信是给一个被法学院录取的学生的。也许被法学院录取在你看来并没有多么了不起，但是请注意，这名学生已三十出头，她在二十几岁的时候沉迷于可卡因，为了吸毒甚至出卖自己的身体（这是真的）。我是怎么知道这些的呢？她在教室里坐第二排，但是我也没有读心术。学校里也没有人向我提供过关于她的资料。她只是经常到办公室来找我，她上过我的一门课程，在那个学期找我来谈话的时间加在一起有十个小时。她有太多的问题要问，有的是课堂上讲过的内容，有的是关于阅读材料的隐含意义。后来我才慢慢了解到她的过去。随着时间的推移，我们建立了一种出于职业的、互相尊敬的关系，她对我畅所欲言她上大学之前的种种坎坷。随着她逐渐打开心扉，我们就课堂上讨论过的法律概念在理论上和她所经历的实际司法应用之间的区别展开了一些有趣的对话。

我当然不是说你要给自己编造一些充满戏剧性的经历，你也不需要一个有趣的背景故事来吸引教授的注意力。确切地说，是你和教授之间的互动能够帮助你成长，并让教授能够更好地帮助你。教授的工作就是传授知识，无论这种互动是在课上还是课下进行，都对你不无裨益。我们办公室的大门永远向你敞开，欢迎你前来拜访，期待你从大学里获取最大的收获。

如何联系教授

在这个网络沟通占主导的时代，许多学生喜欢用电子邮件与教授保持联系。这不但因为学生几乎从刚学会打字起就慢慢习惯了虚拟生活，而且因为用电子邮件与导师交流要比面对面交流压力小得多。当然，如果涉及的问题不复杂或者很快能解决，电子邮件不失为一种有效的沟通方法。如果你忘了什么时候交期末论文，或者上课记笔记时漏掉了某一点，可以立刻给教授发一封邮件请他来说明。但是如果是更为复杂的问题，比如一个关键的概念讲了好几节课你还是没有懂，或者你正在考虑不想上一门课了，你真的需要把电脑放在一边，而约个时间和老师面谈了。

如果你需要额外辅导，一两句话解决不了问题。如果一位心理医生只通过推特向病人提供咨询，你会去找他吗？同样地，你也不能指望教授在电子邮件中向你提供深思熟虑后的帮助或建议。教授每天要回复很多邮件，此外还要处理其他诸多事务。而如果当面能更好解决的问题，非要试图用邮件解决，这也会浪费教授的时间。请不要忽视我一再提及个人关注或一对一交流。作为一个学生，你应该要求得到并努力实现这种待遇。有了难懂的问题，请直接去找教授进行面对面交流，这样你上大学的钱才不会枉花。

我不是很愿意用“要求”这个词来鼓励学生去寻求老师的个人关注，因为我担心有一小部分学生在这方面不知道如何把握好度。他们总是一下课就向老师提出一个接一个的问题，跟着老师穿过走廊来到办公室，即使老师要上下一节课了还不走。他们不停地给老师发邮件，恨不得老师能立即回复。他们甚至还找到老师家里问问题，或者问老师为什么没有回复他们的邮件。请相信我，我见过这样的学生。所以在我用“要求”这个词时，让我们把它看作一种彬彬有礼的坚持。请不要忘了你的同学也会需要老师的时间。在等待老师回复邮件时，请给他一天的宽限期（如果老师生病了，或者没在学校，就给他更多的时间）；请只去办公室找老师，除非你和他约好了别的时间；如果老师没有在教程大纲上特别注明允许学生去家中找他，那么请永远不要那么做。

另外，我也想请你注意你找导师的方式。我猜你可能经常发短信，而在给老师发邮件或打电话时也会采用非正式的表达方法。如果你想告诉朋友要晚一点过来吃午饭，你完全可以这么给他发短信：“我在 L8,一点见。”而一些老师也并不反感通过电子设备进行含缩写的、非正式风格的交流。但是不要忘记,大多数教授认为良好的写作能力是大学生的一项基本技能。如果你第一次给老师发的邮件是非正式的而且出现了口语,就像说“嘿,伙计,最近过得咋样儿?”那种感觉的,你可能正冒着教授在真正了解你之前就丧失了对你的知识水平的信任的风险。更好的做法是像给潜在的雇主写信那样给老师写信:措辞得当,并用完整的句子表达,以示对老师的尊敬。我不是说你在给导师写邮件时要雇一个编辑,但是请记住,你只有这么一次机会给老师留下一个好印象。所以在起草邮件时,不要用俏皮的缩写,并在发送之前检查一下拼写。

第四章　考试

我上大学时有一个好朋友，他的名字叫埃里克。大一时我们住在宿舍楼的同一层，我们经常一起上课、一起吃饭，甚至有一次一起参加了四人约会。(不幸的是，那一次我们俩都看上了同一个女孩。)埃里克是我认识的最聪明的人之一，也是我见过的最心不在焉的人。他的不擅于安排时间简直出了名，最严重的一次莫过于第一次期末考试前夜了。因为第二天有考试，我们大部分人都在宿舍楼的多功能室里伏案苦读，但是埃里克没有这样做。他已经都会了，所以决定参加派对来放松一下。第二天早晨，我们都去了考场，但是没有看见埃里克。他去哪儿了？没人知道。考试一共三个小时，还一个小时就结束时，埃里克衣冠不整地冲进了教室，眼神里充满了绝望。他睡过头了，醒来才发现自己本来要参加的经济学 101 课程的期末考试已经过了一大半，不由得傻眼了。

你也许认为这个故事包含着这样一个寓意：埃里克没有通过考试，甚至这门课干脆没过，他也从中得到了教训。那样也说得通，但是别忘了我说过，埃里克是我见过的最聪明的人之一。在考试的最后一个小时里，他狂写不止，他那篇关于宏观经济学的论文写得还很不错，于是他得到了一些分数，也保住了自己。最让我们震惊的是，他在这门课上得了一个 A-的成绩。如今，他是加利福尼亚的一家大型电气公司的审计官。每次我见到他时，我们都会重温这个近乎传奇的故事，埃里克会说任何人——包括他自己——都不应该采取那样的方式。“我简直不知道自己是怎么混过去的，”他说，“也永远不想知道。”

埃里克是在清醒的状态下经历了噩梦般的考试，而许多其他学生都有过这样的梦魇：在没上课的情况下就坐在了考场上。如果在梦里你一丝不挂，那就更糟糕了。相信我，如果你还没有做过关于考试的噩梦，它只是暂时没有发生罢了。很遗憾地告诉你，这种不愉快的感觉往往会渗透到你后来的生活中。但这种情形确实也有好的一面，它意味着你是一个勤奋的学生。如果你胆敢不复习就参加考试，关于考试的恐惧就会根植于你的潜意识里。

当然，本章内容的目标是最大限度地降低你的噩梦在白天变成现实的概率。事实上这个任务并不像乍一看上去那么艰巨。如果你坚持上课、读书和做笔记，你考试失利的可能性并不大。那些在我的课上得过 D 或 F 的学生，要么不完成阅读作业、不来上课、偶尔来上课也是心不在焉，要么课上听不懂课后也不来请教。我是从正反两方面都强调了，如果你做了一个学生分内的事情，就会对课程内容有足够的了解，也会拿到一个过得去的分数。

关于成绩

如果你在读这本书，那么拿到一个过得去的分数应该不是你的最大期望。在过去，C 便是比较体面的成绩，就能为学生获取事业上的成功奠定基础。如今，这个“体面的 C”的日子已一去不复返。你很可能想得一个 A，或者最坏的情况下得一个 B。很多人和你想法相同。如今，学生们越来越不能接受得 B-以下的成绩，并且其中一部分学生会公开表示他们的不满。每学期结束后,我的一些同事都会花几个星期的时间来向挤满办公室的学生解释为什么给他们打那个分数,甚至会重新核分来排除出错的可能性。这种现象我们称之为分数贬值,它不仅仅是学生造成的,也应该归咎于校方的令人反感的迎合做法。校方坚持提高学费,现在要为安抚学生和家长而伤脑筋。我甚至听见校方的一些管理人员在说到学生时一本正经地称其为客户。

分数贬值

只要看看各大学的 GPA 成绩便不难发现,最近十多年间,分数在不断地提高。如果你看到常春藤联盟的大学,比如在布朗大学,百分之九十五的学生的成绩不是 A 就是 B,你也许不会感到吃惊。但是在纽约州立大学的帕切斯校区,如果百分之八十五的学生也能拿到这样的成绩呢?而这种情形在全国非常普遍。1951 年,宾夕法尼亚州立大学只有百分之二十的毕业生能够拿到 A 的成绩,而如今这一比例已经达到了百分之四十四。在南卡罗莱纳州的弗尔曼大学,1951 年有百分之十四的学生得到 A 的成绩,而如今得 A 的学生有百分之四十一之多。[1]

学生真的是变得更聪明了,所以 GPA 成绩更高了吗?并非如此。但我倒是发现学生变得更加干练了,他们在上大学之前已经养成了大学所需的良好的学习习惯。如果学生掌握了基本的学习技能,并且愿意投入大量的时间,比如去请教老师或者提前起草论文等,那么至少能获得 B 这一分数。但另外一个不容忽视的真相是,今天你们如果想要取得你们的父辈、甚至祖父辈当年在大学里取得的成绩,并不需要付出他们那么多的努力。关于分数贬值,我能写出一整本书来,而且当然了,许多人已经著文讨论这一现象的种种危险性。[2] 然而我们也无须对这一现象横加指责,何况这也不是你造成的。你和其他人一样是看中了大学的教育，你想要取得好成绩，这是完全可以理解的。分数是衡量成功的一个标志，也有很多现实意义，比如会影响到读研究生、拿奖学金、获得实习机会以至找工作。所以即使学生的整体成绩提高了，你的分数高低还是至关重要的。

得 A。为谨慎起见，我在这里解释一下我怎样给学生打分。这和具体课程有关。如果上课的学生很多，我所给出的分数分布要广泛得多。在我的课上得 A 并不容易——坦率地说，也应该如此。高分是留给那些不仅理解了课程的基本概念，而且能够进行运用的学生。得高分的学生还应能够掌握概念的外延和局限性，并了解课程内容在更为广泛领域内的应用和影响。此外，他们的写作能力往往也很强。在我的课上，有百分之十五到百分之二十五的学生能够拿到 A 档成绩。

得 F。我很少让学生不及格。这些年来，我教过一千多名学生，其中不及格的大概有二十个。只有连尝试都不肯的学生才会得 F。他们不预习、不来上课或不做笔记，经常是三者皆而有之。这些学生的行动是在表示，他们并不想上大学。他们可能会对我或他们的父母说想上大学，但这往往是借口，实际上他们既想享受大学里的自由、但同时不想承担责任，或者是不敢倾吐自己更愿意做别的事情的想法。请记住，大学并不适合所有的人，在发现大学不适合自己后抽身而出，转而追求自己更喜欢的事情也无可厚非。如果要给这样的学生一些建议，那么我想说的是提早付诸行动。也许在未来的某个时间他们会愿意并迫切希望重返校园，但如果此刻心思不在这里，就应该把时间和金钱用到更好的地方。

得 D。D 通常是一个分水岭，分开了胜任大学要求和不能胜任大学要求的学生。总体而言，我发现得 D 的学生可以分为两类，他们身上各自都有令人失望的地方。一类是非常聪明、却不肯努力的学生。这部分学生通常在高中里就很聪明，不怎么学习就能应付过去。他们在标准化考试中会取得好成绩，在课堂讨论上会使用一些不经常用的难词虚张声势蒙混过关，上课时到最后一分钟才看书，而且在考试中能够成功地即兴发挥。他们自高中起便熟谙此道，在大学里依然如法炮制。他们不读书，而去参加兄弟会派对；在大考之前开车去旅行；拖到最后一刻才去写第二天要交的论文。但他们忘了大学教授和高中老师不一样，教授希望学生的表现在广度和深度上都要更胜一筹。在考试中，如果学生的论证和所给的材料无关，或者没有回答提出的问题，那么再夸夸其谈也没有用。在大学考试中"把卷面写满"的做法一直可谓臭名昭著，而任何称职的老师都会区分出哪个学生是在认真运用阅读材料，哪个学生是为了写满卷面而胡言乱语。第二种学生往往会因为不够重视和不够努力而得到 D 的分数。

另一部分得 D 的学生比较不幸，因为他们不具备大学所要求的学习技能。他们的写作能力较差，甚至到了主语和谓语都不能保持一致的程度。他们即便努力了，也不能如期完成指定阅读内容，上课时也跟不上课堂讨论的进度。如果你发现自己是这种情况，也请不要着急，因为有很多方法可以帮助你，详细内容见本书第六章。

我再强调一遍，学生及早发现并处理自己的问题是非常重要的。如果把一个坑挖得太深，结果就会弄得自己逃不出去。根据我的经验，大部分这类学生在大学阶段的早期就意识到了自己的问题：阅读作业不停地布置下来，却怎么都读不懂；老师讲课时仿佛在使用另一种语言；文档中语法检查程序给出的标记也似乎毫无意义，等等。但他们没有及早承认自己的问题，而是任问题堆积下去，往往在一个学期的最后几周才来到教授的办公室里请求帮助，然而为时已晚。

如果你怀疑自己的学习能力有所欠缺，最好尽可能早点让相关的人知道。和你的学业导师谈一谈，或找一位乐于助人的教授，或者到学校的写作中心去预约课程。无论你怎样做，请向别人寻求帮助，越早越好。面对一个非常勤奋、但是因为缺乏学习技能而不能跟上课程进度的学生，任何一位受人尊敬的教授都不会想给他打低分的。如果你发现自己属于这类学生，请想方设法来解决问题。

得B。在我看来，B档分数是学生成绩的最大分水岭。一头是得B+的学生，他们尚未优秀到得A的程度；一头是得B−的学生，他们的表现让他们不落到C档分数里。B是一个不错的分数，它反映了学生掌握了课程的基本内容，甚至还能够对概念加以运用。得B+的学生可以说表现相当好了。他们没能得A，通常有两个原因。一部分人是因为缺乏写作技巧，不能很好地表述其论证中的幽微之处。这些学生能够理解题目所涵盖的意义，但在论证过程中表达不清楚。另一部分人是能够对概念加以运用，但是只能运用到一定的程度。例如在英国文学课上，学生能够意识到一位作家在其一部作品中是如何提及他的其他作品的，但意识不到这部作品和当时政治争议之间的关系。

有趣的是，得B−的学生也分成两个阵营。一部分学生在口头回答问题时能够表述得很好，但是要写出来时就会犯怵；另一部分学生能够掌握课程的基本要点，但是在运用课程内容分析相关问题时会出现问题。举个例子，在刑事司法课上，学生可能知道起诉裁量权这一概念，但解释不了为什么随着检察官做出的控告决定自动地设定好了可接受的量刑范围后，量刑准则会给检察官更大的权力。

得C。最后说一下C档分数。得C真的很糟糕吗？我认为并非如此。按照常规，我班上大概有四分之一的学生会得C。但我发现许多学生认为得C是一种失败，尤其是班上其他同学的分数更高时。在我看来，C这一成绩表明学生掌握了课程的基本内容。比如在《进化生物学》这门课上，学生知道了并能够解释生物是怎样从早期的生命形式进化成后来的动物的。得C的学生可能没有掌握某个知识点的复杂之处，或者在用课程内容回答问题不能总是运用自如，但他们掌握了课程的核心内容，所以能够及格。当然，如果一个学生不读书、不来上课、不做笔记也不为考试或论文提前做准备，只是无所事事地混日子，那C的分数表明他们还没有为大学做好准备。但对一个竭尽全力而得C的学生而言，这个成绩表明我尊重他的付出。

成绩不代表你自己

在结束分数这一话题之前，请让我给你两条忠告。我发现越来越多的学生把分数看作衡量自我价值的标准。虽然我知道这是为什么，但这仍然令我很痛心。在如今这个充满激烈竞争的世界，家长和学校早早便开始为学生上大学做准备了。毫无疑问，高中鼓励学生拿高分，好被梦想的大学录取。你们当中有的人可能从来没得过C，甚至还有人认为得B就是一种失败了。我知道要想打破你的这种思维定式很难，尤其是考虑到你的同学都想得高分的情况。但如果你把自我价值与GPA成绩相提并论时，你的生活就会陷入充满不安全感和自我怀疑的糟糕境地。

归根结底地说，让你每天早晨有动力起床，并在一天结束后充满成就感的，是你做了自己喜欢的事情，你有机会与你喜欢和敬佩的人交流，而且对方对你具有同样的感觉。当然，有的工作需要好的成绩为前提，但我所了解的最成功的毕业生都是从抓住并努力充分挖掘一个很小的机遇开始的。他们并不是依靠成绩单取得成功的，因为在你找第二份工作时，没人会在意你在大学的GPA成绩，这一点请相信我。雇主想知道你是否会准时来上班，是否会做到承诺的事情，是否和善友好，是否会为公司带来比你薪水更多的价值。上述其中的一些要求也是取得好成绩所必需的，但是成绩好并不意味着能力强，也不能保证你取得事业上的成功。

不要为分数而学习

即使你还没有为毕业后的生活做打算——而事实上也没有必要这么早就这样做——盲目追求分数对你来说还有一个近在眼前的风险,那就是老师非常反感学生这样做。如果你想让老师烦你,可以在整个学期里不停地问他这些问题:“这会影响我的分数吗?”“如果我做了选做题,能多加几分?”或者“为什么我这道题只得了一半的分数?”,等等。教授喜爱对学习本身感兴趣的学生,这些学生能够意识到分数可以衡量学习表现,但不是教育的主要目的;他们在向教授请教时是彬彬有礼的,而不是在对分数有异议时来责问教授。

如果你只想拿高分,或者总是不遗余力地想要在分数上占取小小优势,那么你就相当于在告诉教授,你对学习并未持有认真的态度。对这样的学生而言,当他们的最终成绩在两个分数档之间徘徊时,教授对他们“为分数而学习”的印象不会促使教授做出有利于他们的决定。但这些学生并不这么想,反而认为只要对老师纠缠不休,老师会意识到高分对学生的重要性,从而会向学生妥协。然而事与愿违,如果学生不重视教育的过程,而是一味看重最终结果的衡量标准,这是一种本末倒置,是没有关注教授真正在意的方面,即掌握知识本身,而这取决于学生对学习的兴趣和对此付出的努力。认为分数重要是没有错的,但我希望你能够理性地看待这一问题。

为什么考试

如果你问多位教授他们是否喜欢组织考试,答案可能是多种多样的。一方面，有的老师喜欢“去芜存菁”，他们想让刻苦学习的学生得到奖励，也许还想通过让不来上课的学生自食其果而得到一点小快感。另外，如果教授看到学生掌握了知识，会认为这反映了自己的教学能力，从而感到欣慰。但与此同时，许多真正的老师厌恶把课堂重点由学习转向为分数和成绩而焦虑的任何事物。我认识的一位教授甚至拒绝为自己所教的课安排考试，因为她认为考试“破坏了课堂上的教育氛围”。然而这样的教授是例外。只要一门课程需要衡量学生的努力情况，只要成绩还会存在，教授就会进行考试的。

考试的类型

上文中我对考试一概而论，但考试有多种形式。有的是闭卷，而有的允许学生查阅笔记；有的有时间限制，有的没有。有的考试以课下作业的形式进行，时间会长达一周。但总体而言，老师主要采用五种方法来考试：课堂测验、选择题或判断题、简答题、小论文以及可以把试题带回去完成的书面考试。

大学的课堂测验和高中差不多，通常用来考查学生是否阅读了指定内容，或在课堂上是否认真听讲。课堂测验的问题可多可少，从五个问题到二十五个问题的都有，但格式基本上都是一样的。对学生而言，问题在于许多课堂测验是随机安排，不会事先通知，所谓“突击测验”的说法就是这么来的。你不知道老师会在哪节课上安排测验，只能一直按要求完成阅读内容和来上课。

对于身经百战的你而言，选择题和判断题一定不会令你感到陌生。每道选择题包括一个题干以及二到五个备选项。依据考试时间和难度，选择题考试的题目少则二十五道，多则几百道。

简答题考试是一种介于选择题和小论文之间的考试，许多高级课程都会采用这种形式。考试题目以问题的形式出现，每个问题下面有两到三行的空白供学生书写答案。考试目的是考查学生对课程内容更深层次的理解，不是照搬笔记那么简单，也没有写更长的分析性文章那么难。

小论文和课后完成的书面考试采用的方法是一样的。学生从课程内容中提炼观点，并用几页的篇幅展开论述。根据是否允许学生在考试过程中参考其他资料，小论文考试分为开卷和闭卷两种。开卷考试中，学生在可以查阅笔记以及课程所有的文献材料。闭卷考试中，学生不能参考任何资料，只能依靠自己的记忆力。

学生总是认为闭卷考试要更难，但事实上老师更重视学生在开卷考试中的表现，因为开卷考试的重点不是考查对课程内容的记忆，而是学生运用相关概念的能力。至于课后完成的考试，依照其字面意义，通常都是开卷的。教授当堂向学生布置考试内容，然后给学生一定的时间（多至一周）在课下完成。鉴于学生很可能会查阅自己的笔记，老师通常允许学生参考任何资料。

考试与学习目标

就某种层面而言，教授选择什么样的考试形式反映了他对课程教学目标的预期。大部分教授都熟悉“教育目标分类法”一术语，它是由著名教育心理学家本杰明·布鲁姆及其同事在二十世纪五十年代提出的。[3] 布鲁姆认为，随着分析性思维的逐渐深入，学习过程可以分为多个连续的层次。后来教育家们进一步发展了布鲁姆的理论，对学习的若干层次的描述如下：[4]

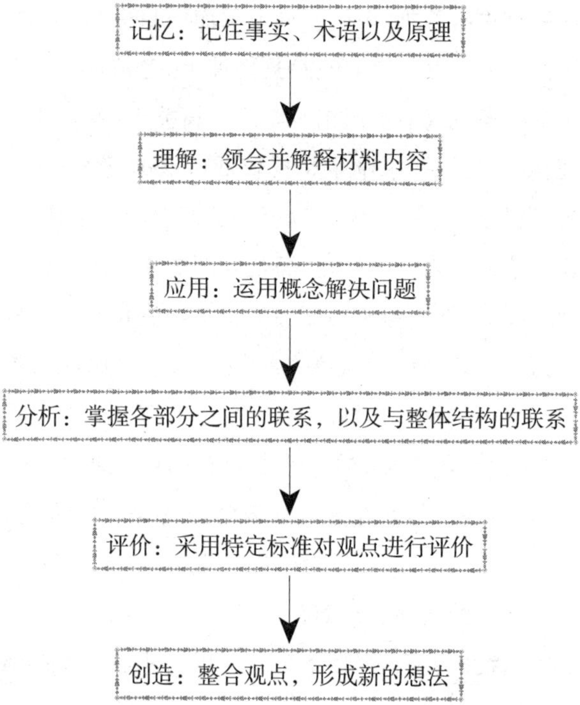

经发展的布鲁姆的学习层次分类法

以《美国历史》这门课程为例。记忆层次的目标是让学生记住重要的日期，比如《独立宣言》起草于1776年，《美国宪法》是1787年通过的。理解层次的目标是让学生能够解释材料的重要性，比如理解《独立宣言》的意义在于其代表了殖民地人民正式脱离了英格兰和国王乔治三世。应用层次的目标在于鼓励学生运用对课程内容的掌握来解决相关问题。仍以《美国历史》课程为例，要求学生运用美国前总统詹姆斯·麦迪逊的思想来解决当今政治或政策方面的问题。分析层次的目标是鼓励学生把不同的概念联系到一起，比如能够阐述哪些因素导致了殖民地人民的反抗。评价层次的目标是让学生对所学的内容予以评价，比如对殖民地和国王乔治的相关论点进行比较，并评价哪一方的意见更有依据。最后，创造层面的目标是运用所学的内容来形成自己的作品。在《美国历史》这门课上，老师可能会要求学生基于忠于国王的殖民主义者的政治哲学写一篇关于《独立宣言》的文章。

一般而言，入门课要求学生掌握较低层次的学习目标，而高级课程要求学生进行更深入的思考。以第一学期上的化学课为例，如果学生能够记住元素周期表的内容，就满足老师的要求了。但学习高级课程时，学生需要动手做实验来验证关于特定物质相互反应的假设是否成立。然而这不一定意味着大学一年级的课程要比后面的课程来得“容易”，因为要掌握一门新学科的特有术语和概念也会很难。准确地说，这些课程的区别在于反映了一个新科目的自然学习曲线。

如果你学过航海，你就知道首先要学习的是船的构造（记忆），接着掌握风向原则（理解），最后学会如何操纵航船（应用和创造）。在大学里学习也是同样的道理。比如在《宏观经济学》的入门课上，学生首先要掌握需求曲线的要素，在接下来的课程上才能试着评估一项减税行动对国家经济的影响。

选择题与判断题考试

考虑到入门课程的特点，其考试多考查学生的基础知识和理解。选择题和判断题通常考查学生对定义的掌握和对概念基本含义的理解。一旦学生掌握了一门学科的基本术语，更多的高级课程将通过更加侧重论文写作和问题解决的考试形式，来考查学生对问题的应用、综合和评价能力。

但这并不是绝对的，因为选择题也可以用来考查学生分析或评价课程内容的能力。下面我来举一个生物学上选择题的例子[5]，这里向印第安纳大学的生物学教授迈克尔·坦西及其同事表示感谢。如我所言，选择题通常用来考查学生的基本知识，在这方面坦西教授给出了一个典型的例子。他在教《细胞生物学》时会出这样的考题：

1. 以下哪些物质是光合作用所需的？
   (a) 水、热量、阳光
   (b) 二氧化碳、阳光、氧气
   (c) 水、二氧化碳、阳光
   (d) 阳光、氧气、碳水化合物
   (e) 水、二氧化碳、碳水化合物

这样的题目主要是为了考查学生对概念定义的掌握。但选择题也可以用来考查更深层次的内容。在下面这道题中，坦西教授要求学生综合分析关于一个知识点的相关概念：

2. 线粒体被称为细胞的动力室，因为它为细胞新陈代谢提供能量。以下哪些论述最为有力地解释了线粒体的这一功能？
   (a) 三磷酸腺苷(ATP)在线粒体中生成。
   (b) 线粒体具有双层膜结构。
   (c) 终端呼吸所需的克雷布斯循环和分子中的酶存在于线粒体中。
   (d) 几乎所有动植物体内都存在线粒体。
   (e) 肌肉组织中有大量线粒体。

选择题与判断题考试的利弊

老师考试时采用选择题与判断题有几个原因。选择题的多个选项可以涵盖多个概念和理解的多个层次。如果学生不熟悉课程内容，就不能“蒙对”答案或者“乱写一气”来蒙混过关。[6] 而且因为是客观题，打分不存在偏袒，分数出来后也不会出现什么争议。但是我还是不喜欢选择题考试。出这种题可以说是偷懒，尽管出题耗费时间，但是打分就简单了。如果学校里有答题卡读卡机，可以用机器打分，分数计算也会更简单。设想一下，如果一门课有两百名学生，需要人工给一摞摞试卷打分，是多么令人生畏。所以老师可能会出选择题或判断题来考试，这样的话，按一个按钮就能解决打分的工作。另外，出得好的卷子还可以给下一届学生用（但最好还是稍微进行一些改动，好让学生无法通过往年的试卷猜出所有的题目）。

从学生的角度来说，选择题考试不会给部分的分数：因为答案是非错即对的，如果一个学生本来有很好的想法，但是在思考的过程中漏掉了某一环节，就会被扣掉这道题的全部分数。就此而言，选择题考试无助于提高学生的写作水平。从我的经验出发，大学生在议论文和说明文写作方面缺乏练习，而这两方面是我们能够教给学生的“现实世界”所需，也是最重要技能的一部分。毕业后从事第一份工作时，你需要与他人沟通你的想法和结论，而你不能奢望有两个星期的时间来打草稿和润色。如果确实有一个地方让你磨炼这方面的技巧，那就是在大学里。如果确实存在一个环境让你在压力之下练习写作，那就是考试了。正因如此，我和许多同事更重视论文形式的考试（又称“蓝皮簿考试”），尤其是在入门水平之上的课程。

论文考试

“蓝皮簿考试”因学生用于书写答案的小册子的封面为蓝色而得名。这种考试通常包括二到五个问题，有的问题甚至包含多个组成部分。论文考试不是考查单纯的记忆或理解，而是着眼于学习过程的更高层面。它要求学生对课程内容进行分析、评价和应用,有的情况下还要有所创造,比如写一首诗、一封信或者创建一个新的理论。

论文考试中的问题多种多样,下面以我在考试中出的题目为例。在《法律与社会》这门课上,我想考查学生运用材料评价美国法律体系的能力。这篇论文要求学生了解阅读材料的内容,明白作者的论点是什么,能够按要求运用这些论点得出自己的结论:

> 假设你刚刚大学毕业,就职于一家研究机构。你被安排到了一位高级研究人员手下工作,她对你说:
>
> "大家都认为法律推动权利进步,但我认为法律限制了自由。我要在期刊上发表一篇文章来阐述自己的观点,但是我不确定能用什么例子来支持这个观点。既然你最近刚学过法律和社会方面的课程,你一定有一些想法。我该怎样阐述自己的观点?你学的课上有没有什么材料可以用来支持这个观点?
>
> 我希望这篇文章说服力越强越好,所以请为我列出我需要反驳的观点。你能否总结一下,哪些材料能够最有力地反驳我的观点?
>
> 最后,既然你非常聪明,我对你的观点很感兴趣。你是否同意我的看法,以及为什么?"
>
> 这位高级研究员要求你为她写一份备忘录,回答她的上述问题。请你在回答问题时做到尽量详尽具体。

这种题目的妙处在于不存在唯一的"正确"答案。最好的答案是这样的:学生能够树立自己的观点;能把阅读材料、课堂讲座和讨论的内容应用于分析中;能够想到其他观点并予以说明。在本章后面的内容里,我将向你介绍论文考试所需的有效技巧。而在这里,我还是主要向你介绍论文考试的形式和目的。

我所认识的最好的教授喜欢采用论文考试，注重考查这种考试所要求的分析性思考能力。论文考试通常着眼于学生对课程内容的总体理解，较之选择题，它对学生能力的要求更加现实也更具有挑战性，这是毋庸置疑的。但论文考试也有其局限性，比如覆盖范围不广，判卷需要的时间更长，打分也不像多选题那样客观性强。

为考试做准备

以上是关于考试的介绍。你最想知道的，当然是如何为考试做准备了。如果你来上课，做笔记，按时完成阅读任务和课后作业，已经是为考试做了很多准备了。也许第一个任务是了解考试范围。如果是课堂测验，考试范围有可能很窄。教授无非想知道你是否完成了阅读，并掌握了相关概念。与此相对，期中考试则可能包含学期伊始到考试前讲过的任何内容。期末考试则不一定，你要和教授确认好考试的范围。很多课程的期末考试会涵盖整个学期的内容，但有的教授只考查期中考试之后讲授的内容。你需要提前与老师交流，了解考试的范围。

确定了考试范围之后，为考试做准备的过程基本上是相似的。你需要做到两点，最好也做到第三点。第一，回顾阅读材料和课堂笔记，把当时没有完全弄清楚的地方都弄清楚；第二，整理笔记和阅读材料，形成自己的复习指南；第三，若想为考试做好充分准备，尤其是期末考试，需要练习回答考试中可能出的题目。这些步骤都是最基本的，你在复习时应该养成这些习惯。但我还是发现有太多的学生不知道怎样复习。在他们看来，似乎只要把阅读材料和课堂笔记看上几遍，就没有问题了。但那只能帮助他们记忆课程内容。如果想在考试中能够对教学内容进行应用、分析和评价，那么必须进行“主动学习”。

第一步：查漏补缺

复习时第一个任务是把你在上课时不明白的任何问题弄清楚。例如，哲学课上教授讲了约翰·斯图尔特·密尔的著作，并解释了密尔的利他主义理论的含义。你在复习自己的笔记时，是否明白这个理论的含义，能否将其运用于当前的政治辩论中？如果不能，那就重读相关内容，看是否能找到答案。如果找不到答案，那么请去办公室向教授请教，让他解除你的疑惑。

第二步：创建复习指南

一旦你消除了对课程内容的明显疑问，就可以创建复习指南了。复习指南基本上是课堂笔记和阅读材料重点内容的删减版，辅助你总结课程涵盖的内容。有的复习指南篇幅很长，对于难度大的课程可以多达二十页，但多数是四到五页。关键是要列出课程内容所涵盖的显而易见的内容，比如需要掌握的日期、术语和人物等；对相关观点、概念和理论进行总结，并且标明彼此之间的联系。基本来说，复习指南应该能够帮助你记忆和理解，并为分析和评价课程内容提供标准。

有时学生会问我："怎样才能区分重要的和不太重要的内容？"这可能比较难，尤其是对那些喜欢把教授的话一字不漏记下来的学生而言。但还是有一些方法帮你锁定重点内容。复习时从阅读材料开始，确保自己明白其中重点强调的概念。如果老师指定了教科书，每章节末尾的总结部分通常会提到最重要的术语和概念。但最重要的是复习课堂笔记，看看老师在课上都说了什么。关于你应该掌握哪些内容，老师会给一些暗示，或者非常明确的信息。尤其是以下内容要特别注意：

1. 老师说过会考的内容；
2. 老师在课上反复强调的内容；

3. 老师说他特别重视的内容；

4. 老师讲过、阅读材料中也出现的内容。

从复习指南入手来为考试做准备，效果是非常好的。如果老师只要求学生记住并复述课程内容，只要掌握了复习指南就足够了。对于这样的课，可以编写卡片或者清单来帮助记忆。举个例子，如果你想记住可见光谱的颜色顺序：红、橙、黄、绿、蓝、靛和紫，你可以按照各个颜色的排列顺序，用包含相应颜色的首字母的单词编一句话，比如“Rebecca Openly Yells ‘Go Blue’ In Victory”，就可以记住颜色顺序了。虽然这个方法看上去有点奇怪，但它很有效。关键是你编的句子要包含一定的意义。就我而言，你能猜出我的大学母校是什么吗？

第三步：模拟答题

任何负责的教授都希望学生能够超越记忆层面，而对课程内容进行应用、评价和分析。所以通过模拟答题来练习相关技能非常重要。你在这方面所花时间的多少取决于考试规模的大小。如果只是考查书中两章内容的小测验，就没有必要模拟解答可能会出的考题。但如果是期末考试，就要花许多时间这样做了。这可以小组的形式进行，由小组成员轮流提问，他人来回答。一开始不需要把答案全部写出来，仅列出据以组织答案的要点即可。小组成员之间分享各自的答案，以获得有用的反馈。考试临近时，有必要进行一次完整的模拟答题过程，以便知道自己需要多长时间思考和回答问题。

除了同学之间交流题目答案之外，还可以找以前的试题来了解教授的出题风格和范围。如果找不到以前的试题，也可以直接去找老师了解。尽管大部分教授不会提供样题，他们应该会愿意评价一下你自己编写的模拟试题。更幸运的情况是，教授在考试前会看你做的题目，让你了解自己的答题水平如何。如果你愿意这样去努力，你应该肯定能在考试中取得好成绩。无论是论文考试还是选择题考试，这种方法都适用。练习做样题，并且寻求老师的反馈，是掌握考试可能出现的内容以及准备好全力以赴的最好方法。

未雨绸缪

如果你一直保持着阅读进度，在书的空白处做笔记，按时上课并有效地做笔记，你就会处于一个良好的学习状态，考试不会成为问题。做到这些后，你只需要再额外花几天时间就能为期中考试做好准备了。是期末考试，就要更提前一点开始，因为有更多的内容要准备。你在阅读上投入的精力越小，上课的次数和记的笔记越少，你在复习时就要花费更多的时间来补上。这就是为什么我建议你在复习整个学期的学习内容时要创建学习指南。课堂上每讲过一个重要内容后，花点时间总结书本和课堂上都涉及了哪些内容。可以每隔几星期总结一次，也可以每星期都做总结，让自己养成做好准备的习惯。我以上大学时的亲身经历告诉你，在学期末为一门难度大的课程疯狂用功，那种恐慌可不是什么好玩的事情！未雨绸缪很重要。

即便这样做了，如果考试临近时你仍然没有把握掌握课程内容，除了好好安慰自己以外，你要以最佳的精神状态来应对考试。不要纠结于自己哪些还不会，而是要告诉自己全力以赴，你不会的毕竟是一小部分。不要一味地怀疑和否定自己，还没到了考试就把自己搞崩溃了。

照我的话去做

如果我是在向你传授考试的一些“成功秘籍”，那么你接下来自然想问：为什么还有那么多学生没考好呢？简单地说，那就是大部分人复习时没有照这些话做。有的人害怕向老师请教，尤其害怕在这个过程中“露怯”。有的人要么高中时没养成这种学习方法，要么就是没意识到试题资源在校园里如同空气一样无处不在。但更多的学生是没有准备好要在功课上投入如此多精力。我希望他们会照做，同时也明白他们为什么没有做到。这要求学生从课外活动、工作和社交中抽出身来，非常耗费时间，但你别无选择。为了完成大学学业，无论你是以哪种方式学习，在学习上付出的时间都要比高中多，可能至少要多出百分之五十。学习的目标不是门门得高分（当然拿了高分更好），而分数最终可以衡量你是否掌握了所学的内容，并且能够学以致用。

我承认这听上去太过理想主义，甚至非常幼稚。但是上大学需要投入时间和金钱，难道你不应该真正掌握所学的内容吗？而我说的学习，并不是指在考试中机械重复所学的内容。真正的教育是一个主动的过程，学生要参与进来。如果你想真正理解所学的内容，并通过学以致用过上更有意义的生活、收获事业的成功，你要花时间来强化和扩展老师所讲和课本中所涉及的内容。这才是学习过程发挥作用的体现。

关于学习地点

多年来，你应该被告诉很多次要在远离干扰的地方学习。的确，研究表明，在没有外界干扰的情况下学习会记住更多的信息。[7] 但对不同的人来说，干扰的含义是不一样的。很多学生在咖啡馆的噪音环境中才会有心情去学习，也有很多学生不戴着耳塞就集中不了精神。关键是发现自己能在什么样的环境中集中精力。能够在嘈杂环境中学习的学生具有强大的抵御外界干扰的能力，而且他们似乎在耳朵充斥着外界噪音时才能更好地学习。就某种意义而言，他们的精神是高度集中的。

以上情形不适用于想同时做好几件事的学生。这样的人不计其数，没准你也是。复习数学笔记的时候，他们还要听音乐、上网，同时电视还在身后开着。这样做的学习效果当然比不上心无旁骛的效果。到目前为止的大部分研究都表明，如果我们认为自己能够同时完成多个任务，是在自欺欺人。大脑不会同时处理几件事情，而是在多个刺激物之间不断急速地变换焦点。[8] 所以，无论你是喜欢安静的图书馆还是吵闹的宿舍，请尽量在一个时间里只做一件事情。

考试前夕

不同的考试有着不同的复习策略。无论是为课堂测验还是期末考试做准备，你都要尽量保持策略一致，以便减轻复习过程的压力，增大取得好成绩的可能性。首先要保证充足的睡眠。大量研究表明，缺乏睡眠会影响学生在考试中的发挥[9]，但总有学生在期末考试之前开夜车。我并不奢望这种现象会完全消失，尤其是鉴于学生还要努力在学习、社交生活以及大学里其他分散注意力的事情之间取得平衡。但即便如此，我还是要强调良好的睡眠的重要性。

在考试来临前至少要睡两个晚上的好觉。这样的话，即使你在考试前夜由于紧张没睡好，提前积累的睡眠也能够让你坚持考完试。考试前夕，请关掉手机，做一些自己喜欢的事情——不过要在合理的范围内，如果想去酒吧，或者参加盛大的派对，还是等到考完试吧。这里所说的自己喜欢的事，应该是能保证你在一个合理的时间上床睡觉的事情。说到上床睡觉，你可能想在关灯之前最后浏览一遍笔记，因为研究也显示临睡前阅读的内容被记住的可能性也更大。[10] 但是注意，浏览的意思是快速地看一遍。你的目的应该只是重温一下记忆，而不是在临睡前给自己制造紧张气氛。

如果考试是在第二天一早进行，你一定要设置闹铃。如果你平时睡得很沉或者担心睡过头误了考试，那就设置两个闹铃，或者和班上的同学约好彼此照应，好第二天准时出现在考场上。还有一件事要提醒你，也是你的父母多年来一直对你说的，那就是吃一顿丰盛的早餐。如果考试在第二天的晚些时候进行，在考前吃一些东西，让自己充满能量。但是不要摄入过多的咖啡因或者红牛饮料，因为研究显示它们的效果短暂，而随后产生的焦虑会让你在考试中无法集中精神。[11]

考试前夜，再检查一下教授要求你考试时带什么和不带什么。如果要携带写论文的蓝皮簿或者写选择题答案所需的机读卡，要提前买好，还要准备好足够的钢笔或铅笔。尽量为最糟糕的情形做好准备，比如你的钢笔突然坏了，或邻座把水洒在了你的蓝皮簿上，诸如此类的事情，所以相关的物品要多带一些。如果出于某种原因，教授允许你在电脑上答题（这种情况比较少见，以防学生在考试前把答案存在电脑硬盘中），请确保电脑充好了电，并带上电源线。如果教授不允许手机、iPod或帽子在考试中出现（防止作弊），请把这些物品在书包里放好，在进入考场时配合学监的检查。如果是持续时间长的期末考试，比如三个小时，教授也许会让你带一些零食。无论如何，务必弄清楚自己可以带哪些东西。有的老师会检查学生所带的食品，防止学生在包装中夹带字条。

考试当天

给自己留出充裕的时间来到达考场。如果需要借助校园班车或当地公共交通才能到达校园，多留出一半的通勤时间。如果你迟到了，除非途中发生了可怕的暴风雨、火灾或地震让你不能按时参加考试(但还没到取消考试的程度),老师可能不会同情你,或给你额外的时间完成考试。考试前还要为去洗手间留出足够的时间,尤其是对于一紧张就想去洗手间的学生。很多学生因为不得不上厕所而浪费了考试时间。如果你能坚持在考试过程中不喝水、不上厕所,那么最好坚持一下,除非你真的很需要去,或者确定自己在交卷前有充分的时间答完。还有一点要提醒你注意,有的教授不允许学生考试半途出去上厕所的。

总的来说,我建议学生早点到达考场并找好座位。在有的考试中,老师可能会让考生坐在指定的座位上,这是防止作弊的一种方法。但如果可以自己挑选座位,还是要好好利用这一机会。像乘飞机时选座位一样,你也许会坐到靠过道的座位上,这样写字时胳膊肘就不会受到阻碍了。早到的话,还可以再多看几眼自己的学习资料,但是也不要一心想着记住上面的内容,现在并不是认真学习的好时机。你要做的只是花一小会儿功夫重温一下记忆,把相关概念排在自己短期记忆中较靠前的位置。(这些内容这时最好已牢牢地根植于你的长期记忆中了。)想象自己以所希望的状态答题的样子。考试的成功部分来自于冷静和自信的态度。试着做一些能够让你放松的举动:深呼吸,闭上眼睛,或者交替张紧和放松肌肉群,这些能帮助你控制焦虑。要全面看待考试这件事情。如果不是期末考试,即使成绩不好,也有其他的方法补救。而即便是期末考试考砸了,也并不是世界末日。这不过是你一生中一门课程的一次考试罢了,不要反应过度。

浏览试卷

试卷发下来以后,花几分钟仔细读一遍答题要求,要知道许多学生因为不看答题要求而失去了宝贵的分数。然后浏览一遍试题,了解题目的数量和类型。掌握好自己的节奏很重要。例如，如果你要在五十分钟内答完共有一百个选项的选择题，那么你做完一道题的时间平均不会超过两分钟（以每道题四个选项为例）。但是为了把握更大一些，要至少多留出十分钟来检查答案，或者防止因为答题速度减慢而导致时间不够用。如果考试还要求写小论文，请看清楚打分规则。如果一道题的分值是另外一道题的两倍，你应该在分值更大的题目上花更多的时间。不要在靠前的题目上花太多时间以致后面的题答不完。避免这种情况出现的办法是在自己的答题本上根据每道题的分值比例标出相应的答题时间，时间到了便立刻开始答下一题。

我们来举个例子。假如教授布置了三道问答题，要求在七十分钟内完成，分值比例分别是总成绩的25%、25%和50%。如果你要在考试最后留出十分钟来检查答卷，那么你有六十分钟的时间来写答案。理想的情况是你在前两道题上各花十五分钟时间，在第三道题上花三十分钟时间。如果教授在十点发考卷，你就在第一题旁边标出“10:15”，提醒自己时间一到就要开始做第二题，在第二题旁边注明“10:30”，这就是你要开始答最后一道题的时间。11点时，你答完第三题，交卷前还有十分钟时间来检查和进行必要的修改。

当然，以上例子是以你按顺序答题为前提的。你也可以浏览一遍题目，判断哪些题目更容易，然后从这些容易的题目做起。别的不说，你会花更少的时间完成这部分题目，这会让你更加自信，同时集中精力来完成难度更大的题目。但是除非你每道题都提前做完了，否则不要磨磨蹭蹭。一道题答得很精彩，而其他题目都做得马马虎虎，最终考试成绩也好不了。

如果是选择题考试，就不用预先浏览题目了。你要先答简单的题目，看第一遍时没把握的题目都略过去。简单的题目都搞定以后，数一数还剩多少道较难的题目，看一下自己还剩多少时间。给自己设定好答每道题要用的时间,逐一完成,留给每道题的时间一到,立刻进入下一题。如果你在考试结束前还给自己留了一点时间,可以在最后交卷之前回过头来,再想一想那些最难的题目。建议你在答题过程中在试卷上给题目做标记(但是不要在答题纸上标记),注明哪些你是有把握答对,而哪些需要再花时间思考一下。

怎样做选择题

擅长考试的学生都要能够看懂题目。当然,如果是判断题或选择题,答题方法就相对简单了,你只需在方框里打钩、把答案圈出来,或者把选项旁边的椭圆形填满。但是小心不要在题目的个别词语上栽跟头。如果一道选择题的选项里出现"总是"或"从不"这样的词,题目是要考查你是否知道有与选项的陈述相冲突的例外情况。如果一道选择题的选项里包含"以上均是"或"以上均不是"这样的表达,是要考查你对概念的掌握。做选择题时,在看选项之前试一下自己是否能回答这个问题。如果你知道并在选项中发现了答案,那就在答题纸上写出来,而因为你已经知道自己正确回答了这道题,可以在试卷上把它划掉。

如果一道题让你觉得不确定,或者感觉有不止一个选项可能是正确的,那就设想自己要向教授解释你的答案。如果你对其中一个选项的解释比其他选项更有说服力,那么这个选项就是你的正确答案了。在答题纸上把答案标出来,接着做后面的题。如果你又回过头来看这道题,除非你经过了深思熟虑,认为有一个选项比你之前的选择更有说服力,那么请控制住你想改答案的冲动。事实上,学生的第一次直觉往往是正确的,而在第二次猜答案时经常会把答案改错。如果你确实对一道题目感觉不确定,把你确定不是正确答案的选项排除,先别着急选，等考试快结束时再来回到这道题，看看自己是否有了新想法。

也许最难的选择题是那种问你“下列陈述哪一个最恰当地描述了一个概念或主题”。教授出这样的题目是要考查你权衡和比较具体的论证的相对价值的能力。在这样的题目中，通常有两到三个选项都包含了正确答案的一部分内容，而你要选出最具合理性的那个。问题是如果你选错了答案，即使你的思考过程大部分是正确的，也不可能部分得分。这是我不喜欢选择题的一个原因，这种题目会扼杀，至少是限制学生的分析思考能力。为了做好这种题目，你要一步步进行逻辑推理，甚至可以在题目旁边写下思考过程。这样的话，即使你答错了，如果之后你认为题目出得较为模糊，或者有不止一个正确答案，你能有自己的思考过程为证。

每道判断题或选择题不允许学生得部分分数。你要么留给自己充分的时间把题答完，要么答不完。在某些标准化考试中，如果你因为不知道答案而空着不写，就不会得分。但判断题或选择考试不同，就算你不知道正确答案，也有得分的可能。如果是判断题，你有百分之五十的概率能猜对答案；如果是选择题，猜对的概率会为百分之二十到百分之二十五，但无论哪种情况都比得零分强，空着不答只能得零分。尽量把所有的题都答了，最好是规划好自己的时间，从而避免答不完的困境。

怎样答论文题

如果是考试要求写论文，最重要的是弄清楚题目要求你答什么。题目里有一些词会提示要求你怎么回答。如果你能回忆起认知思维的六个层次，题目中有一些关键词能让你知道需要什么样的答案，详见下表。

在论文考试中应用认知思维的六个层次

认知层次	学生的任务	题目中的词语
记忆	回忆事实、术语、概念、定义和原则	定义、识别、标记、列出、说出、陈述
理解	解释或阐述材料的含义	说明、转化、解释、举例、推断、阐述、改述、预测、总结、翻译
应用	运用概念或原则解决问题	应用、推断、论证、利用、更改、表明、解决
分析	认识到各部分之间以及与整体结构的联系	分解、联系、关联、剖析、探究、关联、结合
评价	根据预先设立的标准进行评断	评价、评论、评估、判断、证明、建议、分析哪一个更好
创造	利用已有的内容进行创造或独创	转变、构建、创造、设计、发展、构想、想象、写一篇对话或短文

引自：露西·C·雅各布斯，《掌握答题方法：构建答案技巧指南》，印第安纳大学伯明顿主校区评估服务与测试，来自网页 www.indiana.edu/～best/write-better-tests.shtml，2010 年 12 月 23 日。

如果你养成了审题时留意这类词语的习惯，就会很好地理解需要哪些答题技巧了。如果一道题目要求你回答恐龙灭绝的原因，你快速地对照一下上表，就会发现老师想考查你对一个考点的理解或把握。你不必阐述恐龙灭绝的后果，也不需要提出自己的想法，只要复述课堂上或阅读材料中出现的内容就可以了。如果题目要求你评价恐龙灭绝的后果，那么简单地描述恐龙灭绝的过程就不能很好地满足题目关于评价的这一考查侧重点。根据具体的问题要求组织答案是一个非常重要的技巧。学生答题时总想把所有知道的东西都写出来，指望着其中有一些内容是相关的。而教授当然太熟悉学生的这一伎俩了（对你来说则很不幸）。请相信我，老师能分辨出来你是真的知道答案，还是只想蒙混过关。不要指望着只要写出你知道的一些内容，或者任何内容，老师就会给你分数。但正如选民讨厌政客回避记者的问题而一味宣扬自己的观点一样，如果学生的答案没有直击要害，而只是显摆自己知道多少，教授是不会给他高分的。

在满足题目要求的基础上，好的论文至少有三个特征。第一，答案经过了精心的组织。学生对论文进行精心构思，展示了具有逻辑性并且容易理解的思考过程。第二，学生引用了阅读材料、讲座或课上讨论中的内容来证明其观点。如果你想表明自己完成了阅读作业并掌握了阅读材料的内容，没有比在答题时引用其中的要点更好的方法了。第三，学生充分阐述了自己的观点。一篇好的论文，简单表明观点是不够的，还要提出支持这一观点的依据。

学生在日常生活中都知道这一点，但在课堂上，尤其是考试时似乎就忘了，这着实让人惊讶。回想一下人们在体育运动方面进行争论的常见情形。我的编辑和我经常就芝加哥棒球的哪一支队更棒而争论不休。我们相隔几步远，冲着对方大喊"小熊队"或"白袜队"。但这样是没有任何说服力的。要想有说服力，就要摆出事实：回顾队史，评论体育场是否壮观，以及粉丝的疯狂程度，当然了，还要评价队员的技术(尽管小熊队的粉丝可不愿意这样做)，来证明为什么要支持某一支队伍。

考试也是如此。如果题目要求你评价哪一个理论或政治理念最能保护当今美国社会的个人自由，除了表明观点，教授还希望你列举阅读材料或课堂讨论中的事实来支持自己的观点。你还要考虑会有哪些对立观点，并且进行回应，解释为什么自己的观点更加合理。这两项技能是考试要考查的内容。此外，如果学生能够认识到自己观点的局限性，并予以阐述，也会为自己的文章增色不少。答题时，如果学生是基于阅读材料和课堂讨论的内容进行阐述的，便是符合要求，能取得好成绩。

如果时间不够用

如果你在论文考试中时间不够用(这种可能性较小)，即使你写不完，也要尽量让老师看到你做到了什么程度。这很重要，也是答题前先列提纲的重要原因之一。把提纲写在答题本的内封页或头几页上，让老师看到这就是你打算写的内容。即使不写提纲，答题时也要采用一个明确的结构，让教授很容易就能找到你的观点。在论文的第一段写出你的总体结论，并介绍你将如何进行论证。当然了，如果你合理安排了答题时间，就好办多了。即便你没有充裕的时间，一个大纲和一个精心构思的开篇段落会告诉老师，你理解了课程内容，并且接下来会给出精彩的观点。

考试结束后

考场上经常会有学生提前交卷。如果是一门大班授课的课程，那么我几乎能保证，这种情况一定存在。在你努力为把答题时间控制在分配的范围之内而奋笔疾书时，不料别人却大步地走向讲台交卷了，而考试时间才过了三分之二。这种情形很容易让人发慌，但你要保持镇定。不要怀疑自己，不要问自己："我还在累死累活地写，他却都答完了，他是怎么做到的？如果他能答得那么快，我可能没有机会得高分了。"而事实可能恰好相反，这个早早交卷的学生往往不会做那些题目。

好好想想吧。在论文考试中，如果你对答案一无所知，你答得能比别人快多少？或者是应对选择题考试，如果所有的选项在你看来都差不多，你还会纠结选哪个吗？只要你在考试快结束时没有在拼命赶时间，比如想利用最后五分钟把自己对一道题目知道的内容都写出来，你就无须为自己比别人晚交卷而担心。学生答卷的节奏各不相同，事实上这么多年来，我最好的学生都是在考试结束时才交卷的，他们会充分利用考试时间，交卷前把答案再检查一遍。

我知道自己的口气可能和你的父母一样。你小时候，父母一定对你说过很多遍："不要和别人比，和你自己比就好。"这听上去像老生常谈，但很有道理。交过卷之后，你一定很想和同学对答案，请尽量忍住。我经常看到学生出了考场后忙着对答案："你第十题写的是什么？答案是伊迪丝·华顿，对吧？"对答案并没有用，除非你喜欢折磨自己。学生总是会就正确答案产生分歧，这并不能减轻他们的焦虑。或者大家的答案都一样，结果却是错误的。

既然考试已经结束，就让它告一段落好了。无论是对答案还是担心，都不能改变你写的答案，也不能改变考试结果。而不停地纠结只能增加你的焦虑。只要你学习方法得当，就很可能取得不错的成绩。你的成绩也许不会出类拔萃，当然也不可能完美无缺，但应该不错的。走出考场时，你要像考试前一样保持自信，更要启动自我保护的本能，不再想与考试有关的事情。你微笑着从那些还在为答案纠结痛苦的学生身边走过，去做一些自己喜欢的事情来奖励自己。你刚做了一件了不起的事情，你迎接了挑战，为考试做了很好的准备。无论分数如何，你都要为自己喝彩。

千万不要作弊

如果你做事光明正大，没有偷奸取巧，无疑会感受到自己的价值。不幸的是，总是有太多学生企图通过作弊来过关。关于为什么不能作弊，我可以给你一些冠冕堂皇的理由。作弊意味着你没有真正掌握所学的内容，浪费了自己的时间和金钱。这种行为侮辱了你自己，也侮辱了那些为你上大学而高兴或为你支付学费的人。如果你真的对努力学习不感兴趣，为什么还来上大学呢？

如果你是在学习中遇到了困难，认为自己不作弊的话就无法通过考试，那你就需要强有力的干预了，而这没什么好羞愧。第六章提供了一些这种情况下应该怎么做的建议，其中没有一条是关于偷奸取巧的。如果你一门课听不懂，其他的课程上可能也有类似的情况。与其试图通过作弊“蒙混过关”，不如努力找出问题所在并进行补救，这才是正确做法。也许你有某种尚不自知的学习障碍，这是不太可能自动消失的。作弊是在用非直接的方法解决问题，甚至逃避问题。而你应该正面解决问题。

作弊的后果

如果以上理由尚不能说服你不作弊，让我来给你描述一下冰冷的现实吧。作弊往往会被发现，而后果可能很严重。在有的大学，如弗吉尼亚大学，全体师生要签署《荣誉准则》。所有人必须同意遵守学术诚信的标准，并且报告有作弊嫌疑的人。在弗吉尼亚大学，如果学生发现有人作弊却不报告，就违反了《荣誉准则》。在弗吉尼亚大学这样的学校，有许多人在监督着学生（有时也甚至包括老师），看他们是否作弊。

即使你的学校没有这么严，也一定会执行相应的学术诚信规定，禁止作弊和学术欺诈行为发生。我以前教过书的一所大学不仅禁止作弊，也禁止在学术方面撒谎。如果我怀疑一名学生作弊而询问他，如果他撒了谎，也算违反学校的规定。违反《荣誉准则》会受到很严厉的处理。第一次作弊的学生，即便不会导致整门课不通过，但在该场考试中会得不及格。多次作弊的学生有可能会被学校开除。

作弊也会在学生的成绩单上留下记录，显示该学生因为不诚实而受到过惩罚，这在许多方面都会产生深远的影响，比一门课不及格要严重，但学生往往不了解这一点。雇主经常要求应聘者提供大学成绩单，而许多本来很有希望的应聘者因为成绩单上的不光彩记录而失去工作机会。如果一名曾有过作弊记录的毕业生想在政府机构，尤其是那种需要进行忠诚调查的机构找工作，他是不太可能通过背景调查的。能够接触到机密信息或金钱的工作也是类似的情况。有作弊记录的学生如果想到医生或律师的专门学校深造，也不会被录取，因为学校担心他们不具备为病人或客户提供相应服务所需的道德品质。一条作弊记录意味着你要永远准备好向别人解释自己为什么作弊，并且努力说服他人你以后不会再那样做了。作弊也许算不上事业上的滑铁卢事件，但的确是咎由自取。

作弊在高中也不是新鲜事。根据全国范围调查，百分之六十到八十的美国高中生承认作弊。[12]所以你在上大学前也可能作弊，甚至可能没被发现过。无论你们在上高中时有多机灵，大学教授不是没见过你们的小把戏：考场上互相抄答案；夹带小抄并藏在任何可能的地方；在电子设备中输入笔记；在卫生间与别人交换答案或给别人留答案；甚至通过咳嗽或敲击铅笔来传递信号，等等。尽管有的学生还会尝试"剑走偏锋"，各种作弊手段总体上已了无新意。老师会密切关注学生的作弊手段，好的教授在出考题时会尽量给学生作弊留下最小的空间。比如在要求写论文的开卷考试中，学生可以看书、看笔记，就没有必要作弊了。好的试题会考查学生的思维能力，靠作弊是无法取得好成绩的。

无须作弊

最后我想说一点，我对学生的一些作弊理由是抱以同情的。我知道，在美国日益激烈的经济竞争环境中，学生需要好成绩来申请读研究生，或者得到梦想的工作，因此会有压力。在许多学生看来，要想获得好成绩，就应该不遗余力，利用一切机会。（不然的话，大学招生咨询机构和 SAT 老师怎么养活自己呢?)我并不是说上大学前的辅导是一种作弊——尽管我想知道,是否无论学生的家庭背景如何,都能获得这样的机会——但我确实认为“竭尽所能换来一纸大学录取通知书”的观念和学生在压力之下走捷径以提高分数这两者之间是具有联系的。

如果你遵照了我的建议,其实真的就不需要为分数操心了。我不能保证你门门功课得 A,但一定会拿到不错的成绩。仅凭这一点,你就无须作弊。还有另外一个原因让你彻底远离作弊这种欺骗行径,那就是它关乎你的自尊。当你穿着学士服、戴着学士帽和家人站在一起拍照留念时,想想自己是通过诚实的努力还是靠走作弊捷径毕业的,这两种情境会给你的感受造成极大的不同。成绩单上的永久记录暂且不言,单说你对自己的看法。四年之后,你是否有勇气直视自己,向自己表达由衷的祝贺?你的自尊非常珍贵,若因作弊而失去就太不值得。所以为了所有人的好,请踏踏实实地努力。

第五章　写论文

据说作家都每天非写点什么不可。我认识一位作家，他坚持每天写作两个小时，雷打不动。若他整个白天都没在办公室，晚上也有事出去了，那他在睡觉之前也会挤出时间完成这件事的。

我们不是作家，也许会觉得写东西是件麻烦事，尤其是写什么不写什么还有规定。但论文是大学生活的一部分，学生必须要把它搞定。大学里许多课程，从传统的英文入门课到你所学专业的高级课程，都要求写论文。论文的类型和篇幅也各不相同。老师可能要求你写一篇三到五页的论文，分析课上布置的阅读材料。也有的论文篇幅不到一页，要求你写对课堂讨论的思考。还有的论文多达二十页，这是学期末提交的研究论文的标准篇幅。

不管论文的类型和篇幅如何，其要求基本上一样：运用已有的材料、经验数据或你自己的研究内容来分析和回答问题，据此得出结论。这仅是开头，因为写论文仅仅有好的想法是不够的，你还要能够清楚地表达这些想法。写论文分为三个步骤：第一，进行研究，这一阶段的具体内容和特点取决于论文的类型和篇幅；第二，按照逻辑顺序梳理思路，回答布置的问题；第三，形成文字稿，具体包括初稿、修改和润色三部分。

我将逐一讲解写论文的步骤，以及如何根据论文的类型来完成各阶段的任务。我还要介绍在写作过程中怎样合理安排时间。也许你在上高中时论文写作速度很快，但这和写大学论文没有关系，因为二者不一样。总的来说，大学里的论文会篇幅更长、内容更深入，并且大部分课程都要求写论文。大学生经常为功课熬夜，但写论文不能这么来。写出好的论文需要充分准备、精雕细琢，就此而言确实没有更好的替代方法。

教授非常希望学生能把论文写好。如果全班同学的论文都能得A，我们当然会很高兴。这倒不是我们不想批阅平庸的论文，虽然那个时候我们需要喝咖啡来提神。我们欣赏严密的论证和优美的行文，也希望学生能写出这样的论文。如果读完了这章你别的都没记住，那么就只记住这一点吧：如果你早早开始为写论文做准备，为研究、写作和润色环节都留出了充裕的时间，教授或写作老师将愿意帮助你。你可以到办公室向老师请教、给老师发送电子邮件或在学校写作中心上一些辅导课程，这些有助于你把论文写好。我不能保证你的论文能获普利策奖，但你的努力程度在很大程度上会影响最终结果。

计　　划

即使论文的篇幅短小，你也要留出充裕的时间来完成诸多事宜，包括阅读和进行研究、列大纲、写初稿、修改以及润色。这里所说的充裕的时间，可要比一个晚上多得多，而有的学生在期末论文截止日期几天前（甚至几个小时之前）才开始动笔写，简直太不可思议。你需要掌控写论文过程中各个阶段所需的时间，这需要逐渐摸索。写初稿时，你每小时能写多少页？我在状态好的情况下每小时能写两到三页（双倍行距，且采用速度最快的文字处理软件。至于电脑问世之前的

"昔日"情形,此处暂且不表。)但是比起我做研究、查资料以搜集论据、列大纲、修改以及润色初稿所花的时间来,写作所需的时间只占整个写论文过程中的一小部分,所以写作速度不会给我造成太大的影响。作为一名专业人士,我尚且需要十五个小时来完成一篇五页长的论文。所以你在写论文时要制订一个合理的时间计划。

定制时间计划

定制时间计划的过程很大程度上取决于论文的类型。教授是想让你在课下进行研究,还是仅局限于课上内容即可?你需要参考多少书目?这将决定你做研究的工作量。此外,论文的篇幅也是一个因素。你应该从交论文截止时间倒推制订时间计划。假设你要在11月17日交一篇十六页长的英语课的研究论文。这篇论文包含了很大的工作量。首先你要在日历上把11月16日标为假定的交论文截止日期,多出的时间可以用来最后通读一遍论文,或为你在做研究或写作过程中的突发情况引起的耽搁做好准备。然后估算一下你写初稿和润色论文各需要多少个小时。如果你每小时能写两页,那你写完初稿需要八个小时。如果你每天能有两个小时用来写论文,那你写初稿需要四天的时间。

修改论文所需的时间大概相当于写初稿的时间的一半。这里我说的只是修改,而不是润色。即便你初稿写得不错,你也会发现有的论证环节不能很好地衔接,有的内容需要更多的证据支持,或有的句子还需要进一步组织。最好在写完初稿和进行修改之间留出一天时间来,以便更好地梳理自己的思路,然后至少隔一天再进行润色。润色所需的时间大概是修改时间的一半。在这个阶段,你要通读论文,在语法、风格和拼写方面做出改进。现在我们一共需要十天时间了:

四天写初稿，一天修改前的搁置、两天修改、一天润色前的搁置、一天润色，还有一天用来应对突发情况。交论文的截止日期是 11 月 17 日，那么 11 月 7 日就是开始写论文的日子。

这里面还没有算进去你做研究、列出提纲和论证过程的时间。我认为做研究的时间大致和写初稿带润色的时间相等。而梳理原始资料和列出可行的大纲的时间大概是做研究时间的四分之一。这听上去并不夸张，要知道，要理解你所读到的内容的意义，一步步进行合理的论证并辅以你在研究过程中发现的论据，这都需要诸多技巧。

再回过头来看你的时间计划安排。如果你需要八个小时来写初稿、两个小时来润色，那么你做研究需要十个小时，以及两个小时来梳理原始资料和列出大纲。如果你每天要在这篇论文上花两个小时，这就又是六天了。那么你在这篇论文上一共要花二十六个小时：十个小时做研究，两个小时梳理原始资料和列大纲，八个小时写初稿，四个小时修改，还有两个小时润色。再考虑到写论文过程中的搁置天数，这篇 11 月 17 日提交的论文，你在 11 月 1 日就该开始写了。

一篇期末论文的时间计划安排

周日	周一	周二	周三	周四	周五	周六
1 做研究	2 做研究	3 做研究	4 做研究	5 做研究	6 梳理和列提纲	7 写初稿
8 写初稿	9 写初稿	10 写初稿	11 无事项	12 修改	13 修改	14 无事项
15 润色	16 论文假定截止日期	17 论文真正截止日期				

请注意，在这个时间计划安排中，我没有对工作日和周末进行区分，也没有考虑在写论文的期间安排旅行等事宜。许多期末论文都是在一学期临近结束时递交，在秋季学期意味着感恩节假期后不久。学

生往往认为他们能在放假时把论文带回家写，但结果往往是他们五天后返校时毫无进展。这可以理解，因为他们需要和家人或朋友相聚。所以如果你在写论文期间要把这样的日子除去不算，那就要安排额外的时间进去。

在写论文过程中也许要多安排一两天时间来获取教授的反馈。虽然因人而异，但教授通常都愿意审阅学生的论文草稿。一般而言，所布置的论文需要的工作量越大，教授越愿意分享他对论文观点的看法、检查学生的大纲，甚至阅读论文初稿。论文的开题报告也是如此。论文越重要，你越要努力让自己的论文大纲满足教授的要求，并把初稿写得站得住脚。此外，许多大学里都有写作中心，可以为你提供写论文方面的帮助，包括额外的指导、反馈或润色。类似这些资源将在第六章详细介绍。在这里请记住，你在为写论文安排时间计划时，也许会需要留出向外界寻求帮助的时间。

以上时间计划安排的例子适用于期末论文。如果你要写的论文篇幅更短，或者不需要在课下进行研究，你可以相应地缩短时间。这种情况下，你可以每天在论文上花两个小时以上的时间，以减少写论文所需的天数。但是我们还是要现实一点，我上面所说的只是理想情况。我不会奢望学生会花那么多时间写论文，即便是分值占一门课程总分数四分之一的期末论文。如果学生只花我所说的时间的一半来写论文，我也不会吃惊。

但鉴于本书的目的是帮助你在大学里获得最大的成功机会，这既包括教育方面，也包括成绩方面，如果你想展现出最好的一面，那就需要下功夫写好论文。把事情都拖到最后一刻，或利用一个晚上（漫漫长夜）炮制一整篇二十页的论文，这无异于制造灾难。在论文刚布置下来时就安排好时间计划，在如期完成目标后奖励自己。如果你为一篇短的论文给自己安排了四个小时的做研究时间，而你只利用一个晚上就完成了这个任务，接下来可以做些让自己高兴的事情：看电影，见朋友，或者吃顿大餐，只要是能促使你按计划完成任务，任何事情都可以。我的一位朋友喜欢把这称为“生活技能”，学生在大学毕业后初涉职场前最好养成这个工作习惯。所以这不仅有助于在论文上得到好分数，也会帮你获得让你在职场上获益的技能和习惯。

做 研 究

我的孩子在弗吉尼亚州的公立小学读书。在这个老自治州，学生进入四年级时要学习一年弗吉尼亚的历史，因为这个时间很长，我儿子曾开玩笑地称他们的班训是“弗吉尼亚无时不在”。有一天，我在孩子的社会学课本看到这样一句话：成千上万的非裔美国士兵在内战期间为南方而战。想一想我看到这句话有多么吃惊吧。称奴隶主动为他们的征服者而战，是非常具有挑衅性的，同时也是不正确的。是谁在全州通用的小学课本中收录了这个错误的内容呢？我很快找到了答案：教科书的作者“没有经过专门的历史方面的训练，她是在网上看到这一关于联邦黑人士兵的信息的。”[1] 显然，作者偶尔看到“联邦老兵之子”（这个组织发出的奴隶自愿为南方而战的断言，并把它当成事实收录到了她编写的教科书《我们的弗吉尼亚：过去和现在》一书中。顺便说一下，“联邦老兵之子”这个组织还“质疑内战的主要原因是关于奴隶制的斗争这一被广为接受的结论”。[2]

对于我们这样以学术为生，做出每一个论断——无论是事实还是观点——都要以充足的论据支持的人而言，弗吉尼亚教科书的闹剧是非常令人反感的。历史学家很快指出，调查结果几乎“一致认为关于联邦黑人士兵的陈述是歪曲历史”。[3] 作为回应，弗吉尼亚教育部的官员不得不在电视上尴尬地承认“一本书的出版发行并不意味着（本州）

赞同书中所说的每一句话”。[4] 从那时起，教科书里的这个内容就被更正了。

弗吉尼亚的这个错误值得你从中吸取教训。写论文时，你要注意仔细审查所引用的任何材料的出处。有明确的出处并不意味着该内容是正确的。如果杂货店里的小报上称一位当红影星的孩子的父亲是个外星人，你会相信吗？我当然希望你不信。但是你在网上浏览帖子时，是否会持有同样的怀疑精神？如今，每个有便携式电脑的人都可以杜撰出都市传奇来，所以对读到的内容辨别真伪就显得尤为重要。

可信性与事实

在学术领域有“核实”这样一个做法，意思是作者在杂志上发表论文或者出书之前，其作品要经过一个同行评审的过程，即作者将论文或手稿交给一家可能发表其作品的出版社，后者安排相应领域的最多三位专家阅读，并以匿名的形式对其研究或论文的行文予以评论：研究的方向是否正确？作者的发现是否可信？作者对已有研究成果的归纳是否正确？这些是评审者要考虑的其中一部分问题。这种双盲的同行评审[5] 过程的目的，除了改进待出版作品的质量之外，还有剔除值得怀疑或不可信的内容。

在看待经同行评审的学术研究时，注意不要将可信性与绝对事实相混淆，这是非常重要的。对于同一话题，不同学者会有不同看法，而且即使他们都做了可信的研究，也会得出互相矛盾的结论。在美国关于投票行为举行的定期辩论上，一些学者可能会对投票者展开问卷调查并得出结论，认为公众的投票动机是不喜欢在任者。而另外一些学者基于同样的问卷调查可能会认为，投票的真正动机是出于对经济形势的担心。一些期刊甚至会刊登持相反观点的作者的文章，让读者来分析鉴别。作者各持己见并不意味着你要摒弃其中一方或全部摒弃。

恰恰相反的是,因为这些文章都经过了学术期刊的同行审阅过程,它们的观点都是站得住脚的。读者要考虑的是哪一方的观点更加合理。

原始资料

在写论文的过程中,做研究有两个目的。首先是确定哪些原始资料是可以信赖和采用的,其次是权衡其提供的结论或论据的价值。如果原始资料属于学术资源,比如学术出版社出版的书籍,或行业期刊上刊登的文章,几乎是不会出错的。我说的学术出版社指的是大学的出版社,比如本书的出版社——芝加哥大学出版社,因其编辑在出版作品时筛选顶级著作和采取严苛的同行审阅标准而闻名,是世界上最令人景仰的出版机构之一。此外,也有其他的非学术的优秀出版机构经常出版优质作品,比如劳特里奇出版社(Routledge)或国会季刊(Congressional Quarterly)。

需要质疑的材料

需要质疑的是那些本身不是建立在研究的基础上,而是反映了作者在某一件事上"看法"的书籍。此刻我想到了两本书,一本是比尔·欧雷利的《傻瓜与爱国者:你在奥巴马时代何去何从》(*Pinheads and Patriots: Where You Stand in the Age of Obama*),另一本是艾尔·弗兰肯的《拉什·林博是一个肥胖的大傻瓜》(*Rush Limbaugh is a Big Fat Idiot*)。尽管这两本书的作者表面上在书中都提出了自己的主张,但是他们深知自己的作品并无任何客观性可言。这是两本无益于推动学术进步的书。但你在研究过程中也是可以引用这些书的,只要你知道为什么引用,以及将怎样引用。理智的学者——即教授们——都不会把比尔·欧雷利或艾尔·弗兰肯的政治方面的争论当作其各自观点的依据。例如,弗拉肯声称“《不让一个孩子掉队》(No Child Left Behind)这一法案是继 1942 年的《日本家庭休假法》(Japanese Family Leave)以来名称最为荒诞的法律”,如果引用他的这一陈述来支持一篇关于教育改革的论文的结论,是很难有说服力的[6]。他的观点显然充满了对偏于保守的美国政策的刻薄与挖苦,而且有意未提供调查研究来支持自己的观点,因为他写这本书的目的就是为了引发争议和夺人眼球。与此同出一辙的,是机场书店里出售的大部分冠有具有刻薄讽刺意味的书名的作品,写这类作品的作者包括安·库尔特、格伦·贝克,或者基思·欧尔伯曼。这些书大部分显然不是学术资源,在论文里不应该用作支持观点的依据。但是你可以引用它们来表明其作者的观点。比如你在论证奥巴马总统的政策激怒了保守派,那么欧雷利和贝克之流的书便能很好地支持你的观点。你引用他们的书并不是在表明他们的意见是正确的,而是他们具有这些观点的事实可以佐证你的观点。

可以放心引用的原始资料

有的原始资料可以用作支持论点的依据,有的原始资料只能证明特定的事实发生过。这一差别对于你在论文里正确引用原始资料是至关重要的。如果你想说明某件事发生过,比如某个会议召开了,某次选举进行了或某项研究发布了,那么许多原始资料你都可以放心引用。你要寻找的是编辑或作者以外的其他人对书中所述内容进行过核实的原始资料。这样的原始资料一般涵盖报纸、杂志和书籍。而如果你要对特定时期的一个知识性论断发表看法,比如吸烟是否导致癌症,你应该寻找发表经同行审查的研究报告的领域所发布的原始学术资料。也许你也可以引用新闻报道来证明自己的观点,比如当地报纸上刊登的一篇概括了医学专家看法的文章,但这种做法会有风险，比如写这篇报道的记者可能不理解相关的科学知识，或者只着眼于最容易得到的原始资料而没能正确理解专家的话。

具有交叉性质的原始资料

在引用各种原始资料来论证社会现象时，你也许会遭遇灰色地带。比如你要写一篇关于游说组织的论文，具体地说，对美国退休人士联合会(American Association of Retired Persons)的作用进行分析评估。按说你应该以讨论游说组织的典型策略与活动的学术调查研究为依据，并辅以关于论述游说活动如何展开的其他原始学术资料。但是也许你还想引用扮演过这一政治活动角色的演员的话语，关于他们与联合会的互动情形，以及他们是否认为该组织发挥了作用。或者你想要借鉴一篇关于一项具体法案的游说活动的新闻报道，来评价美国退休人士联合会的作用。

无论是哪种情况，你都要调查各种新闻期刊上登载的报道，比如日报、杂志、华盛顿的周刊等等，也许还要研究美国退休人士联合会或其他游说组织发布的内部通讯，以便了解这些组织都做了些什么，以及外界反响如何。在这些情形中，关键是要明白自己引用某一原始资料的目的是什么。例如新闻报道可能会告诉你美国退休人士联合会做了什么，甚至会帮你了解为什么这一组织采取了某个特定行动，但这些新闻报道本身并不能说明该组织的活动是否取得了效果。为了得出结论，你必须阅读关于事件本身的报道，并且依据关于激进组织的文献来分析这些报道。同样地，如果一个组织在它的内部通讯上发布声明，称在某项立法上获得了胜利，你也不能全信，而是要就其细节和结果与你读到的其他关于该立法活动更广泛的报道相比较。

可怕的维基百科

说到翔实的原始资料，不能不讨论一下互联网。大部分大学生(也包括大学老师)一天中相当一部分时间都少不了网络的陪伴。如果你想查找出行路线，可以选择MapQuest(一种在线地图应用程序)；如果需要查找信息，可以上谷歌；如果你有问题需要解答，可以上维基百科。我也是如此。但是有一点，虽然这些网站不失为查找信息的好途径，但是不足以成为学术论文的可靠的文献出处。对于维基百科来说，情况尤为如此，许多学生已经受到它的诱惑，大部分教授存在的意义也由此被削弱。老实地说，维基百科也吸引了我。它易于查找，覆盖内容广泛，而且看上去很学术。我甚至很欣赏它为百科事实提供共享的、发展演变的解释这一宗旨。但是因为缺乏对其素材可信度的评估手段，做学术研究不能单纯地依赖维基百科。

假设我要给维基百科上传一个关于过敏症的词条。我经常过敏，因而解释过敏是什么感觉对我来说很容易。此外，我还具有过敏源方面的很多知识。但我是一名社会科学家、一名律师，你真的会信赖由我来向你解释过敏的原因和推荐治疗方法，还是更愿意请教一名真正的过敏症专科医生呢？再举个飞行方面的例子。为了获得个人飞行员证书，我接受过十五个小时的飞行训练。我还经常订阅飞行方面的杂志。但是如果你想知道为什么重达几千磅的铝制机体能够抵御地球重力，由航空公司的飞行员来向你解释不是更好吗？如果维基百科不能够确认上传词条者的身份，并向读者提供鉴别其资格的机会，则不能认为它的词条是完全可信的。即便我们假设不准确的内容最终会被更正，这更正也是由维基百科的读者共同决定而做出的。而我们对这些读者也几乎是一无所知。所以在写论文时，尽量不要引用维基百科的内容，以减少你我双方的工作量。

其他网站发帖

如果说维基百科作为原始资料都存在问题,那你不难猜到我对于其他网站的看法了。其实我对它们的看法和对传统媒体一致,那就是你在利用信息时要学会批判和鉴别。如今,人人都可以在网上发帖子,只要兴致使然,就去更新自己的推特状态。所以你要对网上的信息进行筛选,确认哪些内容是可信的,以及你如何运用它们。有人在网上说过并不意味着他说的内容是真实的。这听上去像一首现代乡村歌谣的歌词,但是你确实有必要把它贴在你的电脑上。查看发帖人是谁,弄清楚他们何以能够那么说,知道这一信息的依据是什么,以及他们可能存在哪些偏见。要分清他们是在帖子里陈述事实,还是仅仅表达观点。调查是否有人验证或核实过这些帖子。然后(也只有在这个时候)你才可以决定如何运用这一信息。

如何找到原始资料

如果一位老教授要你去图书馆找一本参考资料,你可能会抱怨:该怎么去找呢?而图书馆不是查找原始资料的唯一途径。如果你知道学校图书馆的位置,也真的进去看过书,我会为你感到高兴,但我更关心的是你所使用的资料是否可信。在网上也可以查找原始资料,用电子的方式同样可以做研究。如今许多大学都有门类齐全的电子版的学术期刊。只要输入一个关键词,轻点鼠标,就找到关于一个题目的许多文章,并随意浏览和下载相关文章的完整内容。因为不用泡图书馆,这种通过网上查资料做研究的方式节省了学生和老师数不清的时间。

直到九十年代,几乎所有的学术研究还是通过查询硬拷贝资料的方式来进行的(这可以称得上的黑暗年代——这么说可能又一次会暴露我上大学的年代)。学生需要查阅术语摘要或索引,从而获知哪些期刊或文章涉及他们要研究的领域。在图书馆黯淡的光线中,学生逡巡于塞满了各种学术刊物的书架之间,一本本地搜寻,直到发现自己的目标。而如今,我们只要通过笔记本电脑,利用零星时间就可以做到同样的事情了。这就是进步。

尽管网络让学术研究变得更轻松,但也给作者增加了评估原始资料可信度的责任。如果是借鉴经同行审核的文章,那不会有什么问题。但如果是引用其他的原始资料——事实上也应该这么做——那你一定要确认相关资料的可信度,并且知道如何去应用这些资料。如果你在写论文的过程中没有考虑这些问题,教授在改论文时往往也会问到。

做研究的四个步骤

关于如何做研究,我推荐四个步骤:通过在线搜索缩小范围、研读学术文章和书籍、了解大众媒体相关内容,以及搜索已有的数据库。对于篇幅长或涉及范围广的论文,需要花更多的时间来深入准备。教授在布置论文时会说明具体要求。教授是否明确了你要不要做研究,如果要做,你是否要再读一些课堂内容之外的书籍或文章?有的论文只要你就已经读过的内容做简单评述,我经常给本科生布置这样的小论文。通常在每周上课前,学生要读一本书或几篇文章,我会提前一周就这些文章向学生布置作业,要求他们写一篇两到三页的小论文来回答所给出的问题。布置这类作业时,我不期望学生做额外的研究(而且说实话,也不想这样增加他们的负担)。

在线搜索

如果老师在布置论文作业时要求你课下进行研究，那你要按照上面说的四个步骤来。首先，你要通过谷歌或其他搜索引擎做一些在线搜索，初步了解关于论文题目都有什么样的观点，以及什么样的原始资料。举个例子，现在你要写一篇论文分析赫尔曼·梅尔维尔的《大白鲸》中的典故。你用谷歌可能会搜到一篇五十年前曾刊登在《现代语言季刊》[7] 上的文章，也可能在 123helpme.com 这个网站上找到相关典故的帖子。[8] 这两个原始资料对你的论文而言都没有决定性作用，尤其是后者，既没有关于作者的介绍，也没有其他信息以确认其内容的可信性。它们的作用在于让你初步了解要纳入考虑的资料的范围，以及你想要研究的其他原始资料的路线图。如果你决定引用在网上搜索到的资料，一定要注明出处。

学术文章和书籍

首先说学术刊物。这也是做研究过程中花费时间最多的一步。《美国政治学概览》(*American Political Science Review*)、《人体生物学年鉴》(*Annals of Human Biology*)，甚至《性史学报》(*Journal of the History of Sexuality*)等，这些都属于学术刊物。想要找到这些刊物，最简单的办法就是让图书馆馆员告诉你怎样进入电子文献数据库。大多数学校都会有这样的向师生开放的数据库，你可以通过主题范围、文章名称、作者姓名或其他关键词进行搜索。检索时输入的关键词既要宽泛，以便锁定与你论文有关的原始材料；同时又要精准，以防你在检索时弹出几百篇貌似相关、而实际上偏离你论文方向的文章。

一般而言，如果在学校图书馆提供的数据库上搜索，弹出的文章都是经同行审阅后才发表到杂志上的。但也有例外，比如法律评论文章实际上是由法律系的学生，而不是教授或律师写成的。但发表在法律刊物上的文章一般具有学术价值，你可以用在自己的论文里。还有具体领域的内部通讯。例如《人类学进展》(*Anthropology in Action*)就是发布于网上的这类性质的资料。它向学者和业内人士提供相关的新闻或通知，或大致介绍研究成果。这类文章需要小心对待，它们往往没有经过同行审核，就研究水准而言，不像发表在经同行审核的杂志上的文章那样经得起推敲。如果你不确定在论文里引用某一原始资料是否合适，请先咨询一下教授。

再来说学术书籍。希望你还没忘记，它们指的是图书馆里的厚厚的硬皮书，以及通过电子的方式(kindle 或 Ipad)阅读的书籍。对学生写论文而言，学术书籍是个巨大的资源，因为篇幅比文章要长，其内容往往能涵盖整个领域，并有着精彩的论述。学生也可以在电子数据库中像检索文章一样来检索书籍，因为大学图书馆里的书籍一般都可以在网上找到。为了加快做研究的速度，你要首先看一下书的索引，确认书中的哪些部分与你的论文最为相关。

大众媒体

接下来是报纸或新闻杂志。新闻报道提供关于事件的实时陈述。如果你在论文中分析美国人在"9·11"恐怖袭击发生之后的态度变化，你要讲述事情的经过以及劫机事件后人们的感受。你在《纽约时报》或其他重要的全国性报纸上会发现很多关于美国人对该事件态度的报道——不仅是纽约爆炸点附近的美国人，还有更多的身处位置稍远、但震骇不减的美国人。大学通常会有 LexisNexis 这一在线工具，大部分主流报纸杂志都可以在上面找到。

数据库

最后是公共数据库，比如美国人口普查局提供的人口数据，或美国大学间政治与社会学研究联合会提供的数据。ICPSR 是一个“包括约 700 个学术机构及研究组织的国际联合会”，提供“社会科学领域超过五十万份以上的归档数据”，它“有 16 个专业化的数据库，涵盖教育、老龄化、刑事审判、药物滥用、恐怖主义等领域”。[9]

我所提到的这些电子资料，在你的大学里应该就有。如果出于某种原因，你在学校里接触不到这些资料，你要考虑去一个更大的图书馆来做研究。许多学校会欢迎研究者前来拜访，并向其提供在线数据库，以满足他们写论文做研究的需要，以电子方式做研究比之前采用硬拷贝的方法要方便太多，所以你应该不遗余力地获取这方面的渠道。举个例子，如果你的研究涉及原始的历史文献，你可能要到档案馆去亲手查阅资料。但这只适用于难度最大的本科论文。

汇集与梳理研究材料

阅读论文素材之后要做笔记，这是很重要的。在电脑普及之前，学生使用索引卡做研究，为重要的知识点制作卡片。现在我们都利用电脑来做笔记，但做笔记的重要性不减。如果在文献中看到了可能对论文有用的内容，将要点概括一下。重要的引文要进行录入。也可以剪贴相关内容并粘贴在笔记中，但要注意使用引号。

在笔记中注明引文出处非常重要，否则很容易把引文和你自己写的内容混在一起。多年来，我见过不少学生被指剽窃，原因是他们忘记了在论文中注明引文出处。无论学生是否有意为之，这样的行为构成了剽窃。此为学术大忌，我在本章后面的内容里也会探讨这一点。所以一定要在笔记中注明引文出处。EndNote(一款检索科技文献软件)、Biblioscape(一款文献管理软件)和 RefWorks(一款文献管理软件)等程序都能提供做笔记的电子模板，并且在你的论文终稿里以统一的引用格式储存所引用的内容。

何时停止

研究做到何种程度就足够了，这个问题不太好回答。这通常取决于时间。如果你需要在截止日期五天前开始起草论文，而这个时间节点已经到了，那么这时你就该结束研究阶段了。但如果还有很多时间，可以从三个方面判断一下。第一，这篇论文是否指定了参考书目，你是否都读过了？如果教授要求你引用八篇文献，而你只达到了六篇，那么你还要继续努力。如果你已经引用了十二篇文献，那就足够了。

第二，你是否回答了论文题目的相关问题，论证过程是否连贯？无论你引用了多少篇文献，如果感觉还不能进行足够有力的论证，那就要继续准备。如果你已经参考了十几本书，但仍然感到困惑，应该去向教授请教一下你的研究方法是否正确。也许你走入了一条死胡同，而教授能帮你找到更有用的参考文献。如果你没有提前阅读参考文献，教授很可能不会同情或帮助你。如果你已经做了一段时间的研究却仍然找不到方向，那么教授很可能愿意帮助你。

第三，如果其他文献也多是引用相同的研讨会文章或书籍，你就知道自己在提炼论文题目的中心内容或论据方面已经做得不错了。虽然进一步收集资料能让你对题目形成更为深入细致的理解，但此时你应该相信自己对论文题目已经有了一个基本的了解。

梳理笔记

从某种程度来说，在写论文过程中，搜集资料较为容易，更难的是梳理材料，让它们为你所用，形成观点。这方面不存在什么神奇的规则或秘密的捷径。写论文时最好给各部分拟写标题，依此来梳理和应用材料。以写一篇关于儿童期肥胖问题的论文为例，有几篇文章介绍了美国肥胖儿童的数量,你可以拟写“关于肥胖的数据”这样一个标题,把相关内容放在这一部分。要注意每个数据和引文都需要标明正确出处。

接着上面的例子往下说。如果你搜集的文章还提到了其他国家儿童期肥胖方面的数据,那么你可以创建另外一个标题:“肥胖数据之比较”,引用关于其他国家肥胖率的数据。你要拟写多个标题,有选择地利用自己搜集的资料。对材料进行分类之后,便可以安排它们的结构,让它们形成具备内在的逻辑关系的论证,阐明你的观点。

上述两组数据提供了美国和其他国家之间的对比。为什么会有这些区别,你的笔记中对这些区别又是怎么阐述的?论文大纲就是这样形成的。这个过程很像拼图,你需要想办法让所搜集的资料吻合起来。一旦你搭建好了合理的框架,就要将相应的引文充实进去,你之前的研究成果便形成了一个有翔实内容的体系。

论文的组成

请注意,这时候你得到的还不是大纲。你通过这种方式梳理自己的研究资料,理解其含义以及各部分内容是如何相吻合的。接下来要进行论证。如何进行论证取决于论文的要求。写一篇五页的论文来分析作者如何运用比喻,或者一篇二十五页的论文来评价相对论,它们所需的论证的篇幅是不一样的。无论篇幅长短,大部分论文由五个部分组成:第一,绪论,介绍论文要探讨的题目,提出观点并阐述其重要性;第二,文献综述或背景部分,综述或评价已有的文献或研究成果;第三,分析部分,围绕论文题目展开论述,直到得出结论;第四,讨论部分,阐述你的结论的重要性或意义;第五,结尾部分,将你的结论同现有研究成果结合起来,重述你的论文的重要性。

显而易见的是，如果一篇论文的篇幅越短，各部分的篇幅也会越短。一篇两页的论文几乎没有做文献综述的空间，只提供相关背景知识即可。如果是本科生毕业论文，尤其是涉及社会科学或自然科学的，其分析部分有可能很长，包含所运用的研究方法或试验、论证过程和结论。

绪论

对任何一篇论文来说，一个精彩的绪论是很重要的。绪论有三个作用：吸引读者的注意力、阐述要论证的问题及其重要性，并点明论文的结构。写开篇段落时可以充分发挥自己的创造力，比如写一个生动的例子来引入正题，但是要注意紧扣题目，而不要让开题部分成为无用的累赘。最重要的是告诉读者你的论点是什么，以及你将如何展开论述。这样不仅能让读者明白你的论文的逻辑结构，也可以让教授看到你的论文经过精心的组织。如果不进行充分的准备就动笔写，想法不会成熟，写出的绪论往往不会符合要求。

分析部分

分析和讨论部分是论文最重要的部分。在这部分，你要让读者接受你的观点，承认其合理性。为此你要引用现有数据、研究成果或之前的文献，并且阐述这些论据如何为你的结论服务。但学生往往简单地复述他们的观点，而不阐明这些观点是怎样得出来以及是否可信。这样的话，即使观点合理，也不会有很大的说服力。许多教授都会告诫学生不要犯这样的错误，比如他们会说："我不在乎你的观点是什么，我在乎的是你是怎么想的，以及是否能证明自己想法的正确性。"这种阐明自己的观点并以论据佐证的技巧，或者说能力，也许是合格的大学毕业生和没有经过相关训练的新生之间的最大差别。我们都有自己的看法和信念，每天博客上成千上万的关于各种话题的帖子便能说明这一点。但是受过良好教育、具有思辨能力的标志是能够运用理性说服别人接受自己的观点。对大学论文而言，这句话再贴切不过了。

为帮助学生掌握这一技巧，我经常向学生推荐一种方法，依其主要步骤的单词首字母缩写而成，我也把它叫作“梨子(PEAR)法则”。首先，阐明自己的立场或结论(Position 的首字母，意为“立场”)。接下来进行解释(Explain 的首字母，意为“解释”)。考虑是否有与你的观点相悖的其他观点(Alternative 的首字母，意为“其他的”)。针对你的观点可能有一些反对意见，接下来你要对此予以回应，证明你的观点或结论是合理的(Respond 的首字母，意为“回应”)。这种方法尽管貌似刻板，但非常好用，能够保证你确实阐述了自己的结论，而不是没有依据的简单陈述。“梨子法则”不仅在写论文时有用，而且对于引导你的大学生活也有总体指导意义。学习一门课程不是要你改变自己的观点，但是如果你对其他观点不加以考虑，也不采用有效的论据来反驳对立观点，那是你的损失，也是我的失职。

大学是一个让你转变自己观点的地方，你应该这么做，因为你会不断接触到新的、更有说服力的方法、数据和论据。从某种程度而言，这也是写论文的意义所在：在这一过程中，你对一个问题进行深入思考并提出答案。你要主动学习，深入思考和分析，得出结论，而不是在教授的影响下接纳某一观点。围绕自己的结论展开论述很重要，这就是原因所在。我们每学年都要评阅相当多的论文。如果我们读到一篇内容翔实、结论可信的论文，将和你一样因你的成就而感到振奋。

写作风格

好的论文行文优美，如同一道佳肴。如果你与英语系以外的任何一位教授交流，你会发现教授们对于学生对待写作的态度都有类似的不满:为什么学生总是在问写作水平是否计入论文的分数?（事实上,教英语的老师也可能有同样的感受）我理解学生为什么问这个问题。对于写作以外的课程,教授感兴趣的应该是学生的实质性想法,而不是他们的写作水平。但就终极目标而言,不管什么课,想要教会学生的都是如何有效地表达自己的想法。从最基本的层面来说,要想写出好论文,首先要能够写出来。

请注意我说的是"能够写出来",而不是"能够写得好"。尽管所有老师都希望学生能够写得好,我们并不要求学生在作文课之外的课程上展现出优秀的写作能力。我所说的写作能力侧重更为基本的技能,即能够写出通顺的句子或段落。很多学生在写作时会忘记保持主语和谓语一致,在表达复数含义时不是在名词后面加一个"s",而是加一个撇号(’),他们这种语法知识的欠缺总是令我惊讶不已。这些知识他们在高中时就应该学会了。

初稿不必好

但是一味地抱怨学生在上大学前形成的问题于事无补。一旦你们上了大学,你们的问题就成了我和我同事的问题。那我们对你们的论文写作水平方面有什么样的要求呢?首先,为了取得最好的结果,我们希望你肯付出时间。有点讽刺的是,这意味着你的论文初稿可以写得不好。是的,你没有听错。写初稿时,尽量不让自己有压力,只要把自己最基本的想法表达出来即可。"写成垃圾也无所谓,"如果这样暗示自己有帮助,那么请你在写初稿时不断地这样提醒自己。

当然了,你我都不想看到你的论文终稿以很糟糕的面貌呈现。但是在写初稿时采取一个宽容的心态,允许自己的想法写出来一半而另一半马马虎虎,这样会有助于你摆脱写作瓶颈。相信我,写作瓶颈是一种可怕的折磨。你坐在电脑前面无表情地盯着闪动的光标,希望灵感能够随时从天而降。但是你等的时间越长，越会因为自己没有在写任何东西而感到紧张和沮丧。即便你开始敲打键盘，也可能会对自己写出来的东西不满意。

写作瓶颈的根源往往是恐惧——害怕自己不知道自己写的是什么，或者害怕读者对自己的作品不满。而对初稿的质量采取宽容的心态会让你获得一种解脱的感觉，这便是我们提倡初稿不必好的目的。与其空等灵感降临，不如立刻动笔开始写。与其纠结于未经完善的作品不尽如人意，不如写出一个草稿来进行修改和润色。当光标从一页跳到另一页时，你会感到自己越写越顺畅，到了后面甚至会文思泉涌。但即便你对自己所写的内容或风格不满意，也不要忘了采取宽容的心态，不断地对自己重复那句写初稿的口诀“写成垃圾也无所谓”。初稿可以不断改进，而空空的页面只会让你一无所获。

修改与润色

如果你初稿写得比较粗糙，那么必须留出充分的时间来进行认真的修改和润色。据说美国最高法院的路易斯・布兰戴斯大法官曾说过一句话：“好的写作水平不能一蹴而就，只能通过反复练习才能达到。”[10]这句话用在这里也很合适。感谢科技进步，现在写初稿比这位大法官所处的时代更容易了。随着电脑的问世，有了退格键和删除键之后，有的人在写初稿时，几乎控制不了自己随时停下来更正错误的冲动。但即便如此，修改和润色仍然是写论文过程的重要步骤，能够让你的论文得以改进和增色。如果下周一早晨就要交论文了，你不要奢望能在星期天晚上写出一篇五页的精彩论文出来。这样做除了累坏自己，你也会失去把论文搁置一段时间后回过头来编辑和润色的机会。除非你觉得教授注意不到这两者之间的区别，那我要告诉你，我们能注意到，而且这区别很重要。

修改和润色互为补充

我提到了要对初稿进行修改和润色,因为这是两个不同的过程。修改初稿时要着眼于内容或结构方面。你也许会发现,原本在论文后面部分的一个内容实际上应该放在背景介绍部分,或者你认为两个论据应该调换位置,以便让论证更加合理。有时你甚至会觉得应该把整个章节删去重写。对初稿进行修改时,主要是对论文的实质性内容予以改进,并让论证更加合理。

一旦你对论文的结构满意了,就要对论文进行润色,甄别语法或拼写错误、斟酌措辞,用更明晰的表达方式来替代不自然的说法。润色阶段,你面对的是一篇实质内容很好的论文,要做的是改进论文的表达方式。

修改和润色紧密相连。在修改论文的内容和结构并对结果满意之前,在写作层面下功夫没有意义。而在你通读论文、修改语法错误和改进措辞的时候,如果感觉论文的结构还需改进,是很令人泄气的。这并不是说修改和润色总是按照不变的顺序进行,因为在修改论文结构的过程中发现了语法错误,这并无不妥(而事实上,这样做是非常有好处的)。如果你在润色阶段对你的论证仍然感到不满意,最好停下来对论文的要点进行改进,而不是润色一段你不满意的论证的写作风格。在写论文时,要为修改和润色留出充足的时间,这便是原因之一。

润色要想取得好的效果,有时候需要别人的眼光,比如请朋友或亲戚来查看,帮你找出拼写错误或不自然的表达方式。但别人只能帮你找错,而不会为你修改,你的论文归根结底还得你自己来完成。也可以请别人大声朗读你的论文,你来听其中是否存在呆板或别扭的地方。发现问题后打断朗读的人,请他在论文中相应的地方进行标注,以便你回头进行更正。

检查拼写

你务必、务必、务必要检查拼写,这是最起码的要求。运行拼写检查程序花不了几分钟,真的没有必要来找借口逃避。检查拼写有助于你发现潜在的拼写错误,对于检查出来的错误,它会提供几个选项要你选择,但对拼写差的人来说已经是福音了。如果你不使用这个程序,就相当于告诉教授:"我根本不在乎这篇论文,甚至不想花五分钟的时间来检查其中的错误拼写。"我见过很多有拼写错误的论文,写这样论文的学生真的应该感到羞愧。

检查语法

除了拼写,学生在语法方面也会犯很多错误,尤其是当他们想要采用更复杂的句式时。可惜没有检查语法的程序来让我推荐,但这并不等于你可以不检查语法错误了。有的课程只要求你掌握最基本的标点符号和大小写就行了,而有的要求你掌握更为复杂的语法知识,比如合成修饰语。不同的教授有不同的要求,在写作方面都有各自不能容忍学生发生的错误,只是并非所有教授都对学生明确提出罢了。这里我就不列举语法错误了,你可以去参考一下语法书,或者还有一个更好的方法,那就是浏览大学里写作课程主办的相关网站,上面不仅会列出常见的语法错误,还会提供有用的例子,帮助你在写作过程中不犯这些错误。[11]

我知道这会儿你在想什么,无非是:"你到底想干什么?我当然知道怎么写,不然也不会被大学录取。我写得挺好的,不用去参考什么枯燥的语法书或者网站。"也许你写的是挺好,但是能不能再好一点呢?根据我的经验,大部分大学生都认为自己的写作能力非常强,而事实上还不错的只有不到三分之一。这听上去可不大好。不是说剩下的三分之二的学生写作能力非常差，而是大部分大学生可以通过寻求帮助而做得更好，这种帮助有时候作用是非常大的。一些作家具有写作天赋，但大多数人是通过后天努力才能写得好。提高写作水平的最好方法是阅读相关指导书，在写论文时学以致用。

在短信时代写作

我知道又有人要抱怨了。"请您不要太'学究派'了吧！也许语法在学校很重要，但是在互联网上、发短信或者推特信息时，年轻人喜欢更随便一点。"如果你这么想，就是把写作风格和可读性混为一谈了。除非教授在布置论文时提出要求或者在写作要求中有具体规定，你在写论文时可以自由采用任何风格。如果你不想采用所谓更加"客观"的第三人称，而想采用第一人称，没有问题。如果你想把自己的论文写成一封致莎士比亚的信，告诉他你为什么对他的剧本感到失望，你的老师会赞赏你的别出心裁。但自由选择写作风格是一回事，而清晰有效的表达是另一回事。如果你本来想说"影响"(affect)，却用了"效果"(effect)这个词，读者就会不知所云。如果一个修饰语的位置放错了，教授就不能正确领会你所指的范围。良好的写作水平至关重要，至少为了让别人明白你写的是什么。

规范的写作还意味着对教授的尊敬。如果你写论文时像写短信一样随意，相当于告诉教授这篇论文不值得你花费时间。也许你的确这么想，但如果你不愿意写出完整的单词"Okey"而以字母"k"简单代替，教授可能会给你的论文打低分。你真的想这样吗？当然英语也是在不断发展的，这就是每年都有新词被收入词典的原因。但是你要花一点时间把单词完整地拼写出来——使用正规的单词，而不是你手机里的符号，并且写永远不会过时的完整句子，至少完整的句子对于大学论文来说是不会过时的。

希望我的话不是白说。在大学,写作是一件很严肃的事情,写出来的东西具有权威性。为课程写论文也好,以后在工作中写报告也好,你写的东西都要让别人满意才行。去问问你的父母是否见过一篇销售报告开头是这么写的:“伙计,我们的产品逊极了,简直是在开玩笑。但是你得知道,我们的客户也很逊,居然肯买账。哈哈哈!”如果有谁这么做,那就离被辞退不远了。

这当然不是你想要的结果。无论你是学生、求职者还是职场人士,你的目标是展现出自己礼貌、诚恳、善于沟通的特质,有了重要任务时,你是那个能完成任务的“行动派”。这时候写作能力就能派上用场了,根据我的经验,善于写作是长于思考的表现。我还没有遇到过一个写作水平佳而思考能力差的人。我倒是见过许多人善于思考,但不能以书面的方式很好地表达自己的想法。练习写作有助于增强你的思考和推理能力,你的大脑就会同时容纳更多的想法,这些想法会以更加明晰、更具有逻辑性的次序呈现出来。所以锤炼写作能力是帮助你理解和分析材料的另一种方式。

培养写作能力

如果你的写作能力还不够强,这无须烦恼。写作能力是可以培养的。作文方面的课程是很好的提高机会。另外,如果你愿意按照老师的话去做,其他讨论性质的课程也具有同样的作用。在写论文的过程中,大部分教授希望学生不时地就大纲或论文的某些部分向他们请教。有的课程甚至会要求你上交论文草稿,教授会看你写得怎么样,让你有充分的时间进行修改和润色。

有时候光有老师在课上和课下的指导并不够,你需要付出更多努力。也许你的写作水平还没有达到大学生应该达到的标准,也许英语不是你的母语。针对这些情况,大部分大学设有写作中心,有经验的助教以及老师会向你提供有针对性的指导。我在接下来的章节里会详细讲述这个问题。如果你有这方面的需要,或者认为一些额外的帮助能够进一步提高自己的写作水平,那么我强烈建议你去利用这些资源。承认自己的写作水平还没有达到大学的要求,这并没有什么可耻的。如果你没有及时采取有效的措施来解决这些问题,才是真正的大麻烦。

引用与剽窃

根据卡内基·梅隆大学(Carnegie Mellon University)的一篇报告,现今学生"在互联网的影响下长大。而在互联网上,信息在知识产权不明晰的情况下随意传播"。这样的结果便是,你"不一定知道知识产权这一概念,或者完全懂得剽窃的含义,或者理解在大学里为什么剽窃是非常严重的违规行为。"[12]剽窃的确是非常严重的违规行为,因为它与学术本身的目的相悖。在学术界,学者的命运与其研究成果或主张紧密相连。坦率地说,我们没有其他的获取收入途径(教书的能力除外,而这一职业的报酬情况并不理想)。奠定我们在职业生涯中地位的,是我们有原创性的想法、优质的研究项目和有价值的发现。

话语是学者的财富。遵纪守法的人不会去抢银行,而正派的学者也不会抄袭别人的言论或想法。尽管我们经常在自己的作品中引用或运用他人的成果,我们会很小心地注明出处并向作者感谢,比如当一个研究团队要在其他团队的现有成果上进一步探索时,会很注意那样做。以脊髓灰质炎疫苗为例,当年阿尔伯特·沙宾(Albert Sabin)

和乔纳斯·索尔克(Jonas Salk)都发现了这一度致命的疾病的治疗方法。尽管前者发明了口服疫苗,还是不得不承认后者领先了一步,口服疫苗是在索尔克发明的注射疫苗的基础上发明出来的。

引用方法

在大学里要遵循关于引用的方法。我们当然希望你学习并借鉴其他人的研究成果,这是学习过程不可缺少的部分,但在这个过程中需要遵循关于引用的法则。你基本上要记住两点:第一,任何情况下,只要你引用了他人的成果,必须使用引号,并且附上关于原文出处的信息。这一点比较好理解。如果你在论文中写进去了"生存还是死亡,这是一个问题"这句著名的话,那你要引用莎士比亚的《哈姆雷特》这部作品,因为这句话是从这里来的。[13]

第二点更为复杂一些。如果你用自己的语言表述了他人的成果,或者从一个文献里获得了并非常识的知识并在此基础上形成了一个观点,你必须在论文中注明原始出处。举个例子,如果你想说美国选民在2006年的选举中将在任的共和党领袖选下了台,在2010年对民主党也做了同样的事情,都是因为选民担心美国偏离正确的轨道,那么你需要注明这一观点的出处,因为你在进行研究之前应该不知道这个情况的。对于这个关于选举情况的阐述,你不需要使用引号(除非你直接引用原始文献),但这样的表述也是要注明出处的,因为这并不是你的独创想法。

引文风格

选用哪种引文风格与你的教授以及你的论文领域有关。最常见的一些引文风格来自美国心理协会、现代语言协会、美国医学会(American Medical Association)、法律界、芝加哥大学出版社(即本书的出版社)，以及由后者整理并推荐的参考文献格式——图拉比安。除了法律条文的引用外，大多数引文格式都允许你在论文中引文的后面直接跟一个括号，里面写上作者的名字，并在论文的结尾处的参考书目中列出所有的参考文献。除非你是法律专业的学生(而这也是几年后的事情)，你不应该以脚注的形式注明参考文献。对教授而言，脚注是个危险信号，他会认为学生只是想在不加入实质性内容的情况下增加论文的篇幅。

我来举个例子说明这两条引用法则如何应用。假如简·史密斯最近发表了一部作品，她在第 164 页这样写道:“自 1980 年以来，监狱中犯人的数量减少了 30%。”你在写一篇关于美国监狱政策的论文，你可以从直接引用和作为综述论据中任选一种方法来引用上述内容。两种引用方法的格式如下:

直接引用:监狱里已不像过去那样拥挤不堪;事实上，“自 1980 年以来，监狱中犯人的数量减少了 30%”(史密斯 2011，164)。那么监狱长们需要想办法保住自己的位子了。

间接引用:监狱里已不像过去那样拥挤不堪，因为监狱中犯人的数量在下降(史密斯 2011)。那么监狱长们需要想办法保住自己的位子了。

以上两种引用方法都要求你在参考书目中列出完整的文献信息，具体如下:

史密斯，简. 2011.“监狱犯人的数量”，《法律与社会调查》，32:158—75.

如果想了解关于引用和参考书目格式的更多信息，你要参考语法书、向教授请教，或者到学校的写作中心去学习。在自己的论文中正确引用他人文献的重要性，再怎么强调也不为过。如果无视这一点，就会招致非常严厉的处罚。

隐性剽窃

有一种剽窃行为,你可能几乎意识不到。如果你想把同一篇论文用于两门以上的课程,有的学校会认为这违反了其学术诚信规定。我知道把这种行为称为剽窃有些怪异,毕竟怎么能因为采用自己的成果而被指责为剽窃呢?但是学术诚信和反对剽窃政策的目的是确保你为一门课程所交的论文是原创的,你在论文中不得凭空捏造,并且对他人的成果都进行了正确的引用。

从技术层面而言,如果你把一篇为历史课而写的论文也在英语课上提交了,那么它作为英语课的论文就不是原创了,有可能违反学校的学术诚信准则。有些学校的政策会允许双重提交,当两门课程的老师都同意时,学生可以这样做。这种情况下,在提交论文截止日期之前,学生应该早早地与教授确认好,万一教授不同意的话,还有时间单独另写一篇论文。但说实话,同一篇论文交两遍是玩轮盘赌博游戏,在学术上是没有必要这样做的。

剽窃很容易被发现

这么多年以来,我见过太多的学生冒险剽窃。这样做真的很愚蠢,因为大多数的剽窃都能被轻易发现。学生能够把在网上搜到的文章当成自己的,而教授也会看出这些文章是剽窃来的。往往有这样的情况:有的学生写作水平不够高,将一段别人的内容放在自己的论文里却不标明出处,而它与自己的行文的语气或风格并不相符。这种情况会立刻引起教授的注意并寻找原始的出处。我们经常是这么做的。(请不要忘了,做研究是我们的工作。你玩这个把戏无异于是在诱惑我们。)有的学校甚至用诸如 Turnitin 的软件程序,通过巨大的搜索引擎对学生论文的电子文稿进行检索，将论文中的内容与网上、期刊或者书籍中的内容进行比对。如果二者匹配，论文中却没有注明出处，就会有剽窃的风险。

购买论文

有的学生曾经尝试购买或“借用”别人写的论文。网上不缺乏各种在线服务，有人从中牵线搭桥，你付钱之后可以将其提供的论文据为己有。[14]这种行为的道德性暂且不论（但我希望你意识到这是极其不道德的），你这样买论文会有三个风险。

首先，时效性没有保证。如果你为此花了三百美元，而对方最后拿着你的钱消失了，那怎么办？

其次，论文的质量不能保证。比如说你的成绩属于C档，你想要一篇能得B或B以上分数的论文来提高自己的成绩。事实上，网上能买到的论文质量大多是中等偏下，这意味着即便教授没有发现你的剽窃行为，对你的分数也不会有帮助。

最后，许多买来的论文看上去如出一辙，这意味着教授会很容易发现论文中的某些部分在网上很容易找到。我曾经问过一个学生，为什么论文中一处不起眼的内容没有注明出处，但我在网上搜索时却“神奇”地在好几个地方发现了这个内容。我问他为什么“他自己”写的东西会出现在之前就有的几篇论文里，他提供了非常愚蠢的借口——“实属巧合”。[15]（最后，学校的荣誉委员会发现了他的剽窃行为。）

润色帮助

曾经有人问过我，一篇论文的润色帮助和剽窃这二者之间有什么区别。这个问题问得好。假设你的母亲是一位优秀的作家，你把自己的论文递给她看，并从她那里得到了几条反馈意见。如果你采纳了这些意见，会不会因此违反学校禁止剽窃的规定？答案是否定的，只要你能满足两个条件。

第一，之前的草稿应当是你自己的作品。如果你的论文初稿出自你惯于大包大揽的父母之手，那么你不但因此犯了剽窃的错误，以后也要在这方面划清界限。第二，你必须自己判断要采用哪些内容。即便最优秀的作家也要与圈外的评论家和编辑分享自己的手稿，听取他们的建议并做出改进，但采取哪些建议总得要作家本人来决定。你写论文也是如此。如果有人想提供帮助，可以把论文给他看，但是请记住，这篇论文的最终面貌取决于你自己，否则你就会有剽窃的风险。

不要剽窃，这是对教授的侮辱

和许多教授一样，我对剽窃非常有意见。剽窃不仅背离学术诚信，而且就某种程度而言，侮辱了教授的智商。想要作弊的学生会在两个方面冒犯教授：首先，他们不做功课，表明自己不在乎这门课程；其次，他们不认为教授能聪明到发现自己的作弊行为。即便学生不在乎一门课，但我们在乎——请相信我，当我们发现学生故意剽窃时，大都不会轻饶他。事实上，对剽窃的惩罚可以是非常严厉的：可以是因为学业问题被留校察看，或者成绩单上留下无心初犯的记录，甚至因为性质严重或屡犯而被学校开除。如果你曾因为学术作弊被发现，在申请读研究生时，就要向招生委员会解释，他们为什么要冒险录用你。或者如果联邦调查局的调查员得知你曾因作弊而被停学，也不会轻易让你通过背景调查。虽然美国是一个对救赎故事有好感的国度，但总要解释自己为什么作弊也不是什么好事。

值得庆幸的是，剽窃行为毕竟是少数，绝大多数学生在写论文时都会老老实实。当然了，这些论文写得怎么样是另外一回事了。但如果你采纳本章的建议，你写出好论文和拿到好分数的概率会大大增加。我不能保证你的论文得 A——而老实说，除了高分泛滥的学校外，没有人能够这么保证——但大多数学生都有可能得到不错的分数。关键是要安排足够的时间，进行充分的准备工作，并且利用一切可利用的资源。早在搜集材料和做研究的阶段就与导师讨论你的论文作业；如果导师乐意，请他们读你的论文大纲和草稿；向写作水平高的人请教，包括学校里写作中心的助教；也别忘了要留出足够的时间来修改和润色你的论文。在我们这个时代不一定没有像莎士比亚这样的文豪，但我们大多数人需要通过练习，写出令人满意的作品来。

第六章　特殊情形

如果你生活在一个完美世界，四年的大学生活当然也会过得顺风顺水。你的身体健康无虞，每门功课都能顺利通过，也不会经受什么挫折。但大学生活和广阔世界的生活一样，从来不是完美的。在与我们共同度过的这四年里，你可能不会遇到重大的问题，但也许：某门课程非常之难，但是你必须要上；一场运动比赛可能与一篇论文的交稿日期相冲突；或者你得了讨厌的感冒。即使你把这些困难全都克服了，你还是要决定毕业以后做什么，许多学生对于未来的前景，如果不是感觉忧心忡忡，也是颇为困扰的。无论你的烦恼是什么，本章将帮你克服大学生由于事情没有按照计划发生而产生的种种障碍。令人欣慰的是，如果你能直面挑战，绝大部分问题都是可以解决的。大多数学校的设置都考虑到了满足学生的种种需求。但是你在遇到困难时，要愿意承认这一点，并且寻求和接受帮助。本章将在这方面为你提供指导。

学业问题

大学课程必须有挑战性，但是有挑战性不等于无法实现。如果你有一门课听不懂，或进度严重落后，或分数不断下降，那你需要采取行动了。首先向教授或助教寻求帮助，与他们见面并讨论你在学习上的困难。对许多学生而言，解决方法是经常去办公室找老师，请老师回答你的问题，或向你更加详尽地解释课程的相关内容。此外，还有一些问题可能更棘手，有可能是人际关系方面的问题、某种学习障碍或缺乏某项技能。

学术技能

如果说大学生"缺乏某项技能"，有的人可能觉得这种说法过于矛盾：大学怎能录取缺乏应对学业的必要技能的学生呢？其实原因很复杂。在很多情况下，学生的能力都没有问题，只是在某一领域的学习存在困难。就我自己而言，几何学或"右脑"思考对我尤为困难。如果我现在要上几何课，那么一定需要请辅导老师。另外一种情况是，学生在标准化或选择题考试中能发挥得很好，但是在写作能力方面欠缺。为了弥补这一欠缺，SAT 或 ACT 考试增加了写作部分，但不是所有的大学在录取学生时都要求写作成绩。这样的话，一个在高中时很聪明、但是没有接受过良好写作训练的学生有可能被大学录取，而他在上大学之后需要接受写作方面的补习。

高中教育不断"降低难度"，这在学术界引发了诸多讨论和忧虑，并且产生了一个问题，那就是大学可能面临着申请人资格不足的情况。顶尖的学府通过录取最优秀的高中毕业生而避免这一困境，但对于许多其他的大学来说，就没有那么大的选择空间了。许多学校非常依赖学费来弥补自身开支，它们有可能愿意提供一些补习课程来满足录取要求。

我承认自己赞同补习课程不应该成为四年大学生活的必要组成部分，而我自己的确也教过这样的学生：他们先在社区大学里学习增强自己基本的学术技能，然后转学到四年制的大学里就读。这是一个学生经常采用、同时也值得推荐的途径，这让学生在应对四年制大学里更为繁重的课业之前，能够有机会来锤炼他们的分析和写作能力。

但是 SAT 成绩很好的顶尖高中毕业生也有可能在大学里存在学习方面的困难。也许你的写作或阅读能力有待提高。也许你不能很好地理解教授在布置作业时对你的要求。值得庆幸的是，大部分学校都设有学习技能方面的课程或写作中心。这些都是非常棒的资源，它们向学生提供补充课程、同侪辅导以及文稿编辑服务等，学生能够通过这些辅导或帮助而获益。这样的课程的确很有用，它让我的学生的写作水平由差强人意变得令人满意。有的学生在高中阶段凭借自己未经雕琢的聪明智慧一路“应付”过来，而学习技能方面的课程教他们主动阅读、做笔记以及接受备考方面的训练。多年以来，我向许多学生推荐了这样的课程——倒不是因为我生他们的气或对他们感到失望，而是我发现他们能够从中获益。

关键是要在问题产生时意识到它的存在。我知道这一点是说起来容易，做起来难。大部分人不愿意承认自己遇到了麻烦，尤其是当他们不确定自己能获得什么样的帮助时。在一个小型的文理学院，你的教授会发现你在课堂上或者完成作业方面存在困难，从而有可能成为第一个来帮助你的人。在大型院校，因为你上的是大班讲座型课程，教授连记住你的名字都不太可能，所以可能要首先由你来判断。你是否能很好地理解老师在课上所讲的内容？老师所举的例子和做的解释，你是否都明白了？你在整理笔记或备考方面是否存在困难？是否觉得写论文尤为棘手？是否因为挫败感或困惑而到了不愿学习的程度？甚或是否出现了最让人沮丧的情况？你的考试或论文得到了 D 或 F？

如果你存在上述任何一种情况，请与教授约个时间，到办公室向他请教。向他如实描述你正在经历的一切，并且重复这句重要的话："我需要帮助。"面对一个承认自己遇到了困难、并愿意投入额外的时间解决问题的学生，教授一般都不会拒绝帮助他的。教授可能会专门为你安排时间，让你来办公室接受额外的辅导，或者联系学习能力或写作中心来帮助你确定问题所在。当然了，你必须愿意参加相关的额外课程，但你绝对没有必要独自默默挣扎。如同我在本书前面的部分里所说的，每个被大学录取的学生在毕业时都应该能取得一个不错的GPA成绩。这不是说门门功课都得A，甚或是B，但大学的目的是向学生提供资源，让他们能够完成学业并顺利毕业，尽管这一点取决于学生的主动精神。在上课或完成作业的过程中遇到了困难并不是什么可耻的事情。而无视问题的征兆，没有采取纠正措施才是真正的羞耻。

学习障碍

过去二十年来，各大学在认识和应对学生的学习障碍方面取得了进步。这些学生不再被贴上差劲的标签或坐冷板凳。如今，大部分学校都变得更为开明，能够意识到对于很多聪明但存在学习障碍的学生，只要采取适当的措施，他们也能取得优异的成绩。

大学与中小学不同，它不会向有缺陷的学生提供专门的辅导，而是提供所谓的合理措施。如果一个学生具有注意力缺陷多动症(ADHD)，考试时需要更安静的教室或更多的时间，则学校可以提供这些条件。类似地，如果一个学生存在生理缺陷，比如耳聋，可以请学校在课堂上为他配备手语翻译。这些措施都被视为合理且必要的。

美国的学校针对学生存在的障碍所采取的举动，是由一部联邦法律——《美国残疾人法案》决定的。那么你就可以想到，大部分学校在面对学生的障碍时，要坚决遵循固定的程序。教授没有权力自主决定是否同意学生关于获得适当措施的请求。在大部分学校，这是一条必须遵循的法则,但有的学生并不了解这一点。相反地,他们会自己去找教授,请教授为他们的考试或论文提供额外的时间或其他并不复杂的待遇。尽管我理解学生想要把问题简单化和非正式化的动机,但是当教授一面表示同情,一面建议你或你的同学去学校的障碍服务办公室寻求帮助时,请你理解他。学校不仅要确认学生的障碍情况,而且必须提供有针对性的答复和措施。有很多这样的案例:有的教授为学生提供了解决其问题的措施,而有的并没有。法院会认为学生的利益受到了侵害,在判决时会倾向他们。学校输了这样的官司会付出巨大的代价,所以明智的学校会设立相应的制度来满足有障碍的学生的需求。

如果你具有某方面的障碍,无论是生理上、精神上或者学习过程中的具体障碍,请你在决定入学时就尽快与学校的障碍服务中心联系。既然有合理的措施助你成功,你没有必要隐瞒自己的情况,选择独自忍耐。请向你的医生、咨询师或之前的学校取得足够的证明来证实障碍存在,并提供列有你想要获得的措施的清单。学校确认情况后,有可能为你制作一张表格提供给你的教授,来说明你的情况,以及教授须向你提供哪些措施。在寻求这些措施时请不要犹疑,这是法律赋予你的权利,你完全有资格得到它们。我相信你的障碍给过去的你带来了诸多不便。尽管这些措施不能弥补你的障碍,但它们传达了学校一个这样的理念:你完全可以上大学,在有了适当的措施之后,你会和同学们站在同一起跑线上。

健康及家庭变故

一项学术研究表明,祖父母在感恩节到圣诞节之间这段时间去世的比例最高。[1] 或者至少根据学生向教授提供的信息,情况如此。许多学生的祖父母似乎都在自己的孙辈忙于完成期末论文或为期末考试复习时选择离世，这真是让人吃惊。我并不想自己的口气听上去充满讽刺，但是我见过各种为没交作业而编造的借口。现在，我甚至不得不要求学生提供证据，来证明确实发生了他们所称的变故。学生们会拿出机票、新闻报道甚至讣告来证明自己的话。在学生遭遇变故时，我总会免除他们本应该做的事情，只要他们说的是真的。

如果一场变故让你深受打击——而我非常希望事情不是如此——任何一位有同情心的教授都会不遗余力地来帮助你。如果你要回家参加葬礼，或休假来让心灵愈合，或更有甚者，你的搭档要生孩子了（我目睹过这样的事情），教授会帮助你应对所出现的状况。如果说在这种情况下我有什么建议给你的话，那就是要诚实主动地告诉教授发生了什么事。如果你需要回家探望临终的亲人，请尽快让你的教授知道。如果你面临一项轻罪指控而需要在地方警察局待几天（这种事的确发生过），也要在离开之前告诉老师。

之所以提前通知老师，是为了让你在离开之前开始安排补救工作。也许教授会提前给你布置作业或阅读任务，或者告诉你即将来临的各种日期安排。也许他会把你请到办公室，为你将缺的课提供专门辅导。或许他会调整交论文或者考试的日期，以便减轻你补交作业的压力。请一定要把所有的真相都告诉教授，以便他来衡量你的要求的合理程度。我知道有的情形可能会让你尴尬，比如父母被法庭传讯，个人将面临的医疗状况等等，但是你让教授掌握越多你的情况，他就会越理解你为什么需要不交作业或不参加考试。

如果事情非常严重，需要你离开学校两周或更多的时间，请联系教导主任或学生服务处的相关人员，咨询一下是否有其他选择。依据你请假时处于一个学期的什么阶段，有的学校会允许你选择未完成课程，从而让你获得几个月的时间来完成该门课。或者你要退出该学期所学的课程。我知道这通常是一个不受欢迎的选择，但这同时也是保住你 GPA 成绩的最好机会。举个例子吧，如果你在学期开始的第二周得知你要做一个手术，并且需要六周的时间来恢复身体，你最好退出所选的课程，等你下学期完全恢复以后再接着上。如果你是因为外来变故而不是因为自己改变主意不想上学了，大部分学校会保留你的助学金。

咨　　询

令人欣慰的是，大部分学生都不会遭遇悲惨的变故，从而被迫暂时离开学校。但是，如同在生活的其他阶段一样，大部分学生在大学里会经历这样或那样的痛苦，具体情况是因人而异的。随着你逐渐步入成年，你会经历新的压力和成长的痛楚。即便是上大学之前就有长期离家生活经历的学生，大部分人在某一个时期还是会想家的。学习独立安排日常生活会带来压力：没有人会提醒你起床或上课，你要自己洗衣服，安排自己的财务状况，有时候要自己做饭；你要学会安排自己的时间，而生活中有各种事情分散你的注意力；而且说到诱惑，校园里不乏浪漫邂逅和恋情。

如果你感到自己变得更加焦虑或沮丧，你最应该做的就是寻求帮助。大多数学校都有咨询中心，那里有经过专业训练的工作人员能够帮助你。如果情形特别严重，学生健康服务处甚至可以开具处方。关键是要前去寻求帮助，即便你不确定是否要这样做。承认日子有时候不好过并没有什么尴尬的。如果你不去处理情感方面的问题而任其自由发展，才会造成持久的伤害，不仅损害你的情绪和健康，也会影响你的学业。情绪和学业之间有着密切的联系，这其中的合理性，稍微想一想便不难发现。如果你心怀忧惧，就会难以集中注意力，因为你脑子里在不停地想着可能会出差错的事情。类似地，有过抑郁经历的人会告诉你，情绪处于低潮的人几乎不可能集中精神来做与学习有关的任何事情。由于若干种精神疾病多在十八到二十四岁这个年龄段出现，如果你有这方面的困扰，请记住自己并非特例。

我知道认识到自己何时需要寻求额外的帮助并不容易。与高中阶段的女友分手可以是很痛苦的，但这种时候也许让理解你的朋友给你一些安慰便足够了。但即便如此，我也要劝你不要掉以轻心。几乎所有人都会从咨询或心理安慰中获得帮助。如果不加以注意，担心会很快转变成极度焦虑，而失望也能很快变成沮丧，在同时伴有酒精或药物依赖的情况下尤甚。

药物滥用

唉，酒精和药物！要说大学生中存在的最普遍的问题，那就是酒精和药物的滥用了。我不想谎称大学校园里推行饮酒年龄方面的限制。除了少数学校（主要是具有宗教性质的学校）以外，在宿舍、联谊会、女生联谊会这些场合，学生都能像在酒吧里一样随便喝酒，而酒精滥用与大学校园里的很多其他弊病，比如破坏财产，甚至约会强暴等有着密切联系。学生在大学里也能接触到大麻和后果更为严重的毒品（虽然比接触酒精的范围要小）。但能接触到毒品并不意味着大学是一个堕落的场所。大多数大学生在饮酒方面是有节制的，而且事实上只有还不到一半的学生尝试过大麻。[2]

如果学生开始对其产生依赖，大多数学校都会提供帮助，但前提是学校得了解到学生的问题。为学生服务的工作人员并没有特殊的雷达，能够发现学生出现了焦虑、沮丧或滥用药物的情况，并向他们进行警告提醒。如果你出现了问题，或知道别人产生了问题，你必须让学校里能够提供帮助的某个人知道这一情况，哪怕是一个小小的暗示。如果你是住宿舍，可以去找宿舍辅导员，可以向学业导师发一封邮件，可以去拜访学生服务处的工作人员，或者采用一种更好的办法，走进咨询中心，直截了当地说："我想我需要帮助。"那里的工作人员会接手你的问题。

你可能注意到了，我并没有建议你向教授寻求帮助。如果有学生需要这方面的帮助，我们当然会向他推荐咨询部门，在有些情况下还会亲自带他过去。但我们不是专业的咨询人员，而且经常被提醒注意自己的职责范围。就如我在本书中反复强调过的，我们真心希望你能做得最好，这正是我们从事这一职业的原因。我们喜欢向你传道授业，喜欢在课前课后与你聊天，向你提供学业上、职业上甚至个人方面的建议。有些情况下，我们会与学生建立一生的友谊。但是我们没有资格向学生提供咨询，尤其是在学生遇到心理问题时。所以当教授建议你去咨询中心时，请理解老师不是在推脱，相反，他是在真心关注着你。

成绩申诉

假定到现在为止你采纳了我所有的建议：你主动进行阅读，上课、做笔记也整理笔记，为考试做了充分的准备，也拿出足够的时间来写论文，但最后仍然对自己的分数不满意。虽然我了解课程情况以及你的具体表现，但是事实可能是这个样子的：无论这个分数比你预期的低多少，它都真实反映了你对一门课程的掌握情况。我知道这话你可能不爱听，但是我的直觉是你没有意识到我们每个人都有自己的长处和短处。也许你在数学或科学方面很强，而在语文或欧洲历史方面有更多的困难。只要你确信自己已经全力以赴，无论最终分数如何，你都应该为自己的成绩感到骄傲。

但是在有些情况下，成绩也许没有准确反映你在一门课上的表现。也许有的教授给你加错了分，或者没去看你的答题本背面的内容。也许教授没有理解你在论文中提出的观点，没有发现它响应了所提出的问题。教授也是人，在打分时偶尔也会出错。

如果你觉得教授弄错了，你首先要做的是和教授约个时间，以一种建设性的、公允的方式同他谈一谈。不要在课前或课后把老师拉到一边，此时他也许没有多少时间，所以无法对你的问题给予足够的关注。你要去办公室找他，或者发邮件来安排一个不需要多少时间的会面。见老师时，你要保持冷静，不要指责教授，也不要袒护自己。你的最终目的是说服教授，他犯了一个错误，而没有多少人能够平心静气地面对责怪或怒气。来的时候做好准备，带上作业或评分规则，将它们与你的论文或试卷中的相关内容进行比对。然后向教授解释，你为什么认为自己的论文或答卷符合要求、成绩为什么判错了。好的教授会听你把话说完，如果你的话有说服力，他的确犯了显而易见的错误，那么他会进行更正。不把你应得的分数给你，我们并不会得到任何好处。

但是请记住，教授也会被学生对成绩的质疑弄烦。这通常会发生在学期将近结束、老师即将上报期末成绩之时。有的学生整整一学期里都没有下功夫学习，这便是自食其果的时候了。所以如果教授一开始便对你的要求有所怀疑，那么你要做好心理准备，他有可能会拒绝一大批“求分者”。

但是也有这样的情况，你遇到的教授可能不太好说话，无论你的话多么有说服力，你还是有可能吃闭门羹。这种情况下，你也许想采取学校的成绩申诉程序。大多数学校都有这样的政策，制定一个程序专门让学生对期末成绩提出质疑。我要提醒你的是，走这种程序可能耗时一个学期，而且事实上往往会倾向于给你打分的老师。这并不是说这个程序不公平，或者你没有办法达到目的。当分歧来自于你对一项作业的理解以及老师对你的作业的评判时，委员会可能会倾向于采纳你的教授的意见，因为教授被认为在这一方面具有更多的知识。依据学校关于申诉程序的规定，你可能要再回去找教授一次并尝试解决问题，但你的要求很可能会反映给一些你的教授的同事，并最终到达系主任。你会得到一个机会来解释你的诉求，委员会也会听取你的教授的意见，然后决定很快就出来了。

这听上去好像是不想让学生申诉，但分数申诉制度并不是基于一个不想让你得到应得分数的大阴谋而设立的。与此相反，它反映了这样一个事实的存在：有的学生会因为不满意自己的成绩而提出质疑，无论他们的成绩是多少，以及是否就该得那个成绩。当然了，避免分数分歧的最简单方法是在整个学期与教授保持经常性的联系，在复习过程中去办公室向教授请教，征求教授对你的论文草稿的意见。这样的话，教授会时刻掌握你的进展，而你也会在交论文或考试之前有很多机会来澄清自己的模糊认识。另外，你明显地表示出了自己对这门课的兴趣，就会建立一个与教授之间的善意纽带，从而当你对任何分数有所质疑时，情形就会容易得多。

学生运动员

如果你在大学里从事体育项目，你也许会注意到美国大学生体育总会（NCAA）总是把还在上大学的运动员称为“学生运动员”，而从来没叫过“运动员”或“运动员学生”。在美国大学生体育总会的叫法中，“学生”总是排在前面的。尽管我理解有人质疑这个叫法不太适合第一类的大型的大学体育运动[3]——你只消看一下排名前十名大学里男子篮球运动员的毕业率就知道了——对于绝大多数大学里从事体育项目的学生来说,学生的身份是首要的。对于规模更小、不提供体育奖学金的三类大学来说,情形无疑是这样,但是对提供体育奖学金的其他大学而言,很大程度上也是如此。如果一个学生的 GPA 成绩说不过去,他从事体育项目的日子也就屈指可数了。

在大学期间从事体育项目会占据你大量的时间。赛季里,你要经常比其他同学早起好几个小时来进行锻炼,然后是上课、参加下午的训练,在睡觉前还要挤出时间来学习,每天如此循环。为了参加比赛或联赛,你可能要缺课或错过考试,而即使在非赛季,你也要定期参加练习或力量训练。确切地说,我所描述的这一切通常更适用于能够成为职业生涯选择的体育项目,但同时也适合足球、篮球和垒球以外的其他项目。即便是那些竞争激烈程度小得多的体育项目和学校,对学生运动员的时间方面要求也很高。

如果你是一名学生运动员,你在一开始就要做好心理准备,你从事体育项目可能会挤占掉愉悦的社交生活。白天(或夜晚)的时间怎么都不够用。如果这一点让你烦恼,如果你会因为要推掉周四晚上的看电影邀请而感到难过,那么还是再考虑考虑体育的事吧。我不是说你要完全放弃社交生活。周六的夜晚必然会向你召唤,尤其是在一场盛大赛事之后。但如果你想在体育和学业上都取得最优成绩,那么你必须高度自律才行。

依据你就读的学校和从事的体育项目,体育系可能会对你的学业安排计划、提供督导甚至支持。对于主流的体育项目会尤为如此,因为学校要保证其明星运动员在学业上也获得通过,也要考虑向美国大学生体育总会通报毕业率的事宜。是否要保持课程进度往往取决于学生运动员本人,即便在他们训练和比赛的时候也是如此。体育系也会关注学生在学业上的表现——比如向教授获取期中进度报告——

但是最终要承担责任的那个人是你自己。别人只有发现了你存在问题以后，才有可能介入。

对大多数老师而言，如果不是学生亲口告诉他们，他们是不会意识到班上有运动员的。确切地说，有的学生运动员因其身高或身材而容易辨认，但多数情况下我们很难自行从学生中辨认出究竟谁是足球前锋。这意味着老师不会特意做出安排来满足学生运动员的日程或需要。对老师而言，学生运动员看上去和其他学生并没有区别，因此也不会得到特殊对待。实话说，事情本来就应该是这个样子。学生打棒球也好，把同样的时间用于办报纸也好，他们对学校氛围产生的影响没有什么不同。归根结底，无论你在课外做什么，在课堂上都要好好表现。否则你在大学里的时光就屈指可数了。

然而老师们还是愿意在两件事上为学生运动员开绿灯的。在许多学校，如果学生因为要去参加批准的运动会而错过考试，则教授需要为学生安排补考。情况往往是，学生要在一个特定的日期提前离开校园，去参加将在另外一所大学举行的比赛。如果学生的行程与考试安排相冲突，则学校会要求教授为学生提供补考机会。这是我们的职责之一，我们乐于提供这种方便。

但是请注意，学生有责任提前通知老师。赛季开始时，许多教练会把赛事安排发给队员，并要求他们向各自的教授提供，有时需要教授签名来表明收到了通知。当然，赛事安排有可能发生变化，尤其是打季后赛时。但无论怎样，学生都要提前通知老师，以便老师安排补考。但是请注意，学生不能来参加考试的话可以为他重新安排时间，但是其他作业的截止日期是不能改变的。如果一篇期末论文已经布置下来好几个星期了，而你因为你的赛艇比赛提前了一两天而请老师宽限几日，老师很可能不会对你报以同情。

教授愿意为之开绿灯、甚至实施干预的另外一件事情，便是学生运动员的课堂表现了。很多教授理解学生作为运动员而需要满足额外的要求,甚至钦佩学生在平衡运动和学业方面所付出的努力。如果一名学生在赛季里学业有所拖后,而请教授宽限交作业的时间,有的教授是会同意的。这种事情往往需要学生先开口,只要他来上课并付诸大量的努力,教授可能会同情他。

另外一种更麻烦的情况是学生因为跟不上所讲的内容而落后。有时是因为学生在赛季里无法在学习上花足够的时间,这也是教练建议运动员在赛季里为自己安排不那么重的学业负担的原因之一。如果说你从事曲棍球项目,那么你在春季学期里可能需要上三门,而不是四门课程,并在夏天或下个学期把所缺的课程补上。

另外一种情形是,学生运动员因为没能做好充分的上一门课的准备而动摇。我知道此刻自己触及了敏感问题。我想大家对"笨蛋运动员"这一有成见的说法都不陌生,它指的是学习成绩不好,但因为具有体育特长而被招进大学的学生,比如他恰好是教练需要的优秀的橄榄球四分卫、前锋或投球手。这样的学生的确存在,而我也教过。根据我的经验,大部分运动员的智力和进取心与其他的"有代表性"的学生并没有什么不同,而我也希望自己的这个经验具有指导意义。从某种程度上来说,如果他们想在学业和运动之间取得平衡,他们也是必须要这么做,因为大部分学生运动员都不会从事运动员职业,所以还是要把精力放在学习上,毕业后找到好工作。

与其他学生一样,学生运动员也有感到力不从心、迷茫或学习上落后的时候。如果你遇到了这类问题,请按照我给所有学生提的建议来解决问题:采取积极的态度。去找教授,向他坦言你的问题。说出你正在经历的困难,并请教授给你建议。也可以考虑和教练谈一谈。根据你就读的学校和所从事的体育项目,体育系可能会提供辅导老师来帮助你渡过难关。事实上,如果是重要的、能够带来收益的体育项目，教练可能比你还要先发现你在学习上的问题，因为教授和教练会就最优秀的运动员的表现进行定期沟通。

如果是更小的学校或规模更小的体育运动，要更多地靠学生运动员本人在发现问题时寻求帮助。但这种情况下，学生同样也可以去学校的学习技能中心来获得帮助。如果你属于这种情况，请让教授为你推荐。尽管向资源中心寻求帮助并不需要教授的干预，但这样的好处是你可以在寻求帮助的学生中排在前面，而当你踏进资源中心的办公室时，辅导老师已经知道你的问题所在了。你也要重视定期去老师的办公室向老师请教。如果这与你的运动安排相冲突，和老师约好在其他时间去拜访他。再没有比教授一对一的辅导更有效的选择了：通过这样的互动，不仅你的问题会得到解答，你也会知道教授认为哪些内容是考试和测验的重点。

请你记住，教授除了要在你身上付出额外的时间以外，还要为你的其他同学负责，他需要在这二者之间取得平衡。如果你的问题很大，他也许会建议你去学习技能中心补课，在提升了自己的基本学习能力之后再来重新选他的课。或者他会与助教或来自体育系的老师一道来辅导你。如果他请了其他人一起来帮助你，请不要沮丧。归根究底，如果你自觉而积极、不隐瞒自己遇到的困难，并且真的愿意努力解决这些问题——这是最重要的一点——教授应该很愿意帮助你。所以如果你在学习上遇到了问题，应该是你去找教授，而不是反过来让教授找你。

毕　业　后

我们在大学里与你相伴的日子总会结束。即便你对离开大学校园这座象牙塔怀着难以描述的感情，终究要开启下一段征程。而你的老师也会怀着复杂的心情与你告别。和你一样，我们会为你获得的成就而感到骄傲，为你获得了大学文凭而高兴。另外，我们也因为又带完了一届学生而产生一点点个人的自豪感，而这也应该是可以理解的。随着你与母校之间的纽带的形成，你作为学校未来的校友，也和我们建立了更紧密的职业上的联系。所以在毕业那天，如果你看到不止一位教过你的教授，眼睛里带着潮湿的泪光向你或你的家人表示祝贺时，请不要感到惊讶。如果你是一名勤奋的学生，积极努力地参与课堂讨论，也去办公室向老师请教，那么我们会舍不得你走的。

但是你必须离去，而你的大学的任务是帮你为面对未来做好准备。基本来说，你毕业时会有五个选择：读研究生深造、申请奖学金、涉入职场、打零工，以及无业。最后一个选择大概是我们都不愿意见到的。即便你的父母愿意让你住在他们的地下室里整天打电脑游戏，考虑到他们为你上大学花了几万美元的学费和你付出的四年时间，我肯定那不是他们希望你成为的样子，大概也不是你理想中自己的样子吧。

近年来，我见到越来越多的大学生在毕业后的几年里都从事非固定职位的工作，或者打零工。这个问题应该部分归咎于国家经济还没有能力提供足够的薪酬丰厚的入门级的职位，但另一部分是由社会学家称之为"青春期延长"造成的。在你的祖父母那个时代，年轻人二十岁出头该结婚了，并且很快就要生儿育女。而如今，平均结婚年龄已接近二十七岁，结果便是一部分大学生在毕业后的几年里缺乏方向感。他们已不再是孩子，但也不认为自己是成年人，所以也不会开始从事今后能够给他们带来成就感——以及更高和更稳定薪水——的事业。

我并不反对大学生在毕业后选择花一两年时间去"玩乐"。我有一个兄弟就是这样做的。大学毕业后，他在阿斯本生活了一年，在那里打零工赚取滑雪费，让朋友们很是羡慕。他夜里当快餐厨师，白天的时间都用来滑雪。如今，他是一名计算机方面的专业人士，拥有两个硕士学位，有三个孩子，并且贷款买了房子。事实上，他就是在阿斯本认识后来的妻子的，当时她也在休假一年。这也许并不是你的理想版本，但它体现了我的基本观点：大学毕业后，你可以花上一年左右的时间去追求职业或非职业方面的兴趣，思考下一步的计划，这样做并没有什么错，也许还会有很多好处。在你只需要为自己负责的时候，来一场跨越欧洲的旅行，或者在新西兰度过这一年时间。你可以做任何你想做的事情，只要你能负担自己的生活，并且是有意选择那样做的。如果说你的大学学费是父母承担的，那么让他们在你毕业后仍然支持你的“生活方式”显然是不合理的。如果你在读大学时申请了学生贷款，向你提供贷款的机构不太可能等你过一年或更长的时间后再还款，而你要做的是找到合适的工作，立刻开始还贷款。

但事情远远不止能够在毕业后负担自己的生活那么简单。我发现太多的学生不能就毕业后的生活做出周全的计划，因为渺茫的前途令人生畏。这一点我能理解。大学生活即将结束，你即将为自己做出的决定负责，这样的现实会让人感觉到压力。但是在我看来，有的学生认为他们做的是关于“一辈子”的决定，从而让情形变得更糟了。事实上，大多数职业生涯的决定——尤其是大学毕业后头几个决定——都不会让你一劳永逸的。如果你尝试选择了一条路，几年后发现它不是你想要的，你可以改变。我就是一个比较典型的例子。我之前当过律师、人权激进主义分子、政治运动工作者，而现在是一名教授。或者以我两个当中学老师的儿子为例，他们一个曾在联邦调查局工作，另一个曾是银行里的计算机程序员，都是在从事之前的行业几年以后决定从事教师工作，并且在现在这一行有着出色的表现。

我在本书中可能不止一次地说过这句话，因为它是千真万确的：

在事业或者个人满足感上，并不存在唯一的途径。你并不会知道自己二十年后想要做什么。所以不要让自己产生这方面的压力，想一想自己现在或者接下来想做什么，而不是最终应该做什么。我发现在我教过的学生中，事业上最有成的人会在一个时期尝试一个机会，全力经营并且尽可能多地从这个职位上学习东西，做好了准备后再走下一步。他们与所有事业成功的人士一样，会提前做计划，但他们只关注两个核心问题：(1)接下来我想做什么、学到什么或经历什么？(2)我要怎么做才能实现上述目的？他们关注的不是下一步的下一步，也不让自己按照别人期待的样子去生活。他们的满足感来自于活在当下，从事自己感兴趣的事情。同时他们的适应性也很强，如果发现在某一点上自己正走的路不会把自己带到想去的地方，就会改变方向。事实上，如果说你的大学学历教会了你什么东西，那就是在自己想要改变方向时所需的创造力和适应力。

就业指导

我知道坐在这里提供建议比将其付诸实践要容易得多。“实践”是一个很关键的词。即将大学毕业的你，不仅要现在实践这些技能，而且和我们当中的大部分人一样，在以后的生活中也要常常把它们付诸行动。幸运的是，在学校里你会得到帮助。许多大学里都有经过专门训练的职业咨询师，可以指导你调查、思考自己能选择哪些职业，并一步步采取行动找到有意义的职位。

就业指导办公室会向学生提供多项服务，其中一个便是安排你同从事你所感兴趣的职业的校友进行联系。没有什么能比这种“联系校友获取信息”更好地了解一个可能选择的职业，并与业内人士保持联系的更好方式了。这种获取信息式沟通一般持续三十到四十分钟，在这段时间里，对方向你介绍他具体做什么，他认为工作中的哪些内容是有趣的或具有挑战性的，以及是怎样开始从事这份工作的。这种信息式采访的魅力在于，你不是在恳求获得一份工作，而是询问别人关于他们工作的事情，这样就消除了找工作的压力。大多数人喜欢谈论自己，尤其是对来自母校的对未来充满希望的学弟学妹谈论自己。而在这个过程中，你也会为自己在这一领域工作而建立相应的人脉关系。如果你在沟通的过程中的表现令人印象深刻，对方可能给你提供更多的帮助，把你介绍给掌握着相应空缺职位的人士。

在大学期间进行实习也是个不错的选择。就业指导办公室、系里或者你的教授可能指导哪些机构招募实习生。在我任教过的学院，学生的实习机构包括各家报社、大型工程和计算机公司、咨询公司、政治运动组织、医院、国际救援组织等。作为实习生，你可能不会获得报酬，但有的学校允许学生通过实习获得学分，尤其是你就实习经历写了论文时。无论哪种情况，实习经历会向你提供一个了解该机构或相应领域的窗口，以及证明你能力的机会。我知道许多学生通过实习经历获得了第一份工作，他们抓住了这个机会向雇主证明了自己的价值。其他学生则利用实习机会积累在某一领域的工作经验，并在以后的求职中向其他雇主展示这些经验。

掌握全局

即便我向你提供这条建议，也不希望你过于忧虑毕业后的生活。你有大量的时间为之做出准备。至于现在，专心享受和充分利用大学时光就好，无论是课程还是课外活动。但是总有一小部分学生一入学便抱定了自己将来要从事某个职业的想法。许多人认为自己将来要读医学或法律，还有其他人认为自己注定会从事某一其他行业。对于这些学生，我想给他们一个笼统的建议，那就是“放轻松”，作为减缓他们过度膨胀的事业雄心的一剂良药。但是经验表明，焦虑不是简单说说就能消除得了，而且更麻烦的一点是很多这样的学生认为自己只是适当关注，而不是过于狭隘。

无论是哪种情况，我对这些提前为职业做准备的学生的建议，与我就大学方面提供的总体建议没有什么不同。无论你是对大学毕业后的计划了然于胸，还是还在纠结自己要不要上大学，为了让大学生活有一个圆满的结束，你要记住如下五个要点。

规则 1：学习你所感兴趣的内容

如果你想去医学院或法学院，不要指望选择了某些专业后就一定能被录取。这和你所了解的信息恰恰相反。尽管医学院会要求学生完成一小部分自然科学性质的课程——比如难度之大令人心碎的有机化学——研究生院和专业学校希望申请者感兴趣的领域各不相同。同样地，雇主也希望雇佣到有创造力、责任感和能力的员工，而不一定是某些专业的研究生。所以请在本科阶段学习你感兴趣的内容，只要你成绩出色，就会为自己毕业后的生活创造出最大的机遇。

规则 2：挑战自我

无论你的专业是什么，请学一些有挑战性的课程。研究生院和雇主希望学生具备出色的阅读、分析和写作能力。如果你只是上入门课程，是不会培养出这些能力的。请对学校开设的课程进行深度钻研，并抓住机会来挑战和证明你自己。

规则 3：了解你的老师

与老师建立职业上的联系，让他们能够为你写有分量的推荐信。

正如我在前面的章节所讲,搜罗对你泛泛而谈的推荐信无济于事,因为只有教授感觉学生在自己眼里不出众时才会写那样的推荐信。你要重视在大一大二时去办公室向老师请教,选你喜欢和崇拜的教授的后续课程,还要在教授主持的研究项目中主动承担工作。这样的联系不仅能够让你从大学中获得更多回报,而且让教授更加了解你的兴趣和能力,这是他们为你写出有分量的推荐信的前提。

规则4:课外学习

不要把目光仅局限在学业上,要尝试其他事情——或者说任何事情。研究生院和雇主不仅想要成绩优异的学生,也想要个性有趣、做事有效率、在相应领域能够有所建树的人。回忆一下你的看病经历。如果你要看皮肤方面的疾病,有两位医生可以选择,一位了解细胞分裂,但不能同病人很好地沟通,另一位有其他的兴趣,也能很好地与你沟通,你会更愿意向哪位医生描述令你尴尬的病情呢?但是请注意,不要把这条建议当作申请研究生院的实用策略。在大学里,课外兴趣能够扩大你的视野,让你的生活更加有趣。即便我督促你要集中精力学习,说句实话,如果你的教授告诉你在学习上偷点懒,我们难道不会都很惊讶吗?请一定要让自己的生活保持一些平衡。只学习而不玩耍会让你成为乏味的人,也会让你丧失许多学习以外让你放松,并成长为一个完整的人的机会。

规则5:权衡自己的选择

在你上大学的某个阶段,我确定有人会告诉你,硕士学位现在就相当于学士学位,为了让自己将来在职场上更有竞争力,你必须读研究生。确切地说,一些职业的确需要更高的学历,而其数量寥寥无几:是法律、医学、牙科、兽医和学术领域,仅此而已。在其他的领域,你可以边干边学。所以你要仔细考虑是否要花几年时间读研究生或专业学校。这些学校每年的学费多达25000美元以上，而你将来有可能从事、也有可能不从事那个行业，你是否准备好为此背负巨大的债务？我自己作为一个“复职律师”，见过许多法学院的学生放弃了自己的法律学位，而从事其他行业。他们需要法律学位来获得如今的位置吗？也许是的。但是我确信在很多情况下，这些学生如果不花三年时间并花费巨额金钱来读法律，也会拥有富有成效、有趣和报酬颇丰的事业。正如我告诉本科生的，如果你想当律师，那就一定要进法学院。但如果你有任何疑虑，那就等一等，直到你对自己的职业生涯选择做了真正的调查研究之后。

除了法律或医学这样的专业教育项目，普通的硕士学位对事业是否有帮助？答案是肯定的，在大部分情况下的确如此，只要你扩展和加深了自己在某一领域的认知。但硕士学位很少成为事业发展的前提条件。只消看一下你所感兴趣的行业的CEO名单，了解一下他们的职业生涯就会明白。当然其中有些人拥有硕士学位，但这不是他们事业有成的原因。毋宁说他们是凭借充分准备、勤奋工作和敢于冒险而登上事业阶梯的顶端的。我知道自己听上去像反复播放同样内容的破唱片，但我还是要不停地说，好让你读完这本书时脑子里牢牢地刻下了这个观点。

最重要的法则：走自己的路

如今，备战大学变得更加商业化，学生和家长都期待在大学投入的时间和都会获得丰厚的回报。我发现越来越多的学生只是着眼于找到一条通往“成功”的路径，无论“成功”这个字眼是多么的虚无缥缈，但成功并非那么简单。幸好如此，这是一件好事。你获取你自己的事业成就感以及个人成功的诀窍，就和你本人一样，是与众不同的。无论是处于毕业前夕，还是毕业了二十年，只要你经历过生活的一些起落，你就会逐渐意识到，你只需要给自己留下深刻印象，那个要与你的选择相伴一生的人，就是你自己。

生活似乎有一个神奇的规律，会将领先的人和被认为落后的人之间的差距最终拉小。随便找一个参加完高中毕业二十五周年聚会的人来问问。从现在起过二十年，你和你的大部分同学都已经历了生活的风雨，而生活也在你们身上留下了印记。当你了解这一点后，回首大学毕业后的生活，如果你追随了内心的声音，而不是做你认为别人想让你做的事情，我能够保证你对自己的事业和生活都会非常满意。这虽然听上去老生常谈，但是关于生活，并没有什么指导手册，或者所谓“正确”的道路。

请让我以第一次在我的母校——密歇根大学的文学、科学和艺术学院——的校友杂志上读到的建议为本书总结。在回答“你要用自己的生活做什么?”这个问题时，该杂志提供了如下有如箴言一般的答案，可以作为本书中的大部分建议的精彩总结：

“请知晓，在你尝试了很多事情之后，你才会知道自己想要做什么、能够做什么。请明白，如果你在进行每一个尝试时都全力以赴，你永远不会是在浪费时间。不要忧心忡忡，不要苛待自己。请记住，看上去似乎搞明白一切的人并没有真正做到这一点。或者退一步说，即便他们都搞明白了，也没问题，因为你的路和别人不一样，期间的种种不确定性，尽管给你带来了烦恼，仍然是赐予你的礼物。不要受其他人关于成功的想法的影响，尽管去做你想做的事，成为你想成为的人。拥有开阔的胸襟。允许运气给你带来发现的惊喜。”[4]

如果你能做到这一点，如果你能清醒面对大学生活的挑战，仔细考虑你拥有的种种选择并根据自己的兴趣予以权衡，那么你的大学学位就值得你为之付出时间和努力。归根究底,我们在大学里想要传授给你的,是一种经营成年后的生活理念、一套让你保持求知欲并且接纳新想法和新经历的技能。如果你在保持自己核心价值观的同时能够做到上述,那么无论你上哪所大学、毕业后做什么,你都会是成功的。作为你的教授,我们为帮助你做好了准备,也为自己能够帮助你而激动。机遇是属于你自己的,去尽情开创大学生活吧!

注　释

第一章

1 美国人口调查局新闻，“大学文凭令持有者年收入几近加倍”(College Degree Nearly Doubles Annual Earnings, Census Bureau Reports)，2005 年 3 月 28 日，来自网页 http://usgovinfo. about. com/od/censusandstatistics/a/collegepyas. htm，2008 年 12 月 11 日。

2 “小事实”(Fast Facts)，全国教育统计中心(National Center for Education Statistics)，来自网页 http://nes. ed. gov/fasfacts/display. asp? id＝98，2011 年 6 月 16 日。

3 弗兰克 H. T. 罗兹(Frank H. T. Rhodes)，“历经四十年成长的发展后，高等教育面临新挑战”(After 40 Years of Growth and Development, Higher Education Faces New Challenges)，《高等教育年鉴》(Chronicle of Higher Education)，2006 年 11 月 24 日，来自网站 http://chronicle. com/weekly/v53/i14/14ao1801. htm，2011 年 8 月 9 日。

4 同上。

5 杰弗里・托马斯(Jeffery Thomas)，“美国大学录取国际学生人数创新高：官方称国务院积极欢迎外国学生”(International Student Enrollment at U. S. Colleges Breaks Record: Official Says State Department Committed to Welcoming Foreign Students)，美国政府，2008 年 11 月 18 日，来自网页 http://www. america. gov/st/educ-english/2008/November/20081117160049 1CJsamohTo 646908. html，2008 年 12 月 11 日。

6 美国人口调查局新闻,“大学文凭令持有者年收入几近加倍”(College Degree Nearly Doubles Annual Earnings,Census Bureau Reports)。

7 马蒂·奈姆科(Marty Nemko),“评价最为过甚的美国产品:学士学位”(America's Most Overrated Product: The Bachelor's Degree),《高等教育年鉴》(Chronicle of Higher Education),2008年5月2日,来自网站http://chronicle.com/article/America-s-Most-Overated/19869,2008年5月2日。

8 美联社,“调查研究:经济形势妨碍学生获得学位”(Survey: Students Stop, Slow Degree Work due to Economy),《今日美国》(USA Today),2008年10月22日,来自网站http://www.usatoday.com/news/education/2008-10-21-college-loans_N.htm,2008年12月11日。

9 巴拉克·奥巴马(Barack Obama)在民主党全国大会上的讲话,2004年7月27日,来自网站http://americanrhetoric.com/speeches/convention 2004/barack-obama2004dnc.htm,2008年12月13日。

10 杰奎斯·斯坦伯格(Jaques Steinberg),“不要担心,好好当学生”(Don't Worry,Be Students),2007年9月30日,来自网站http://www.nytimes.com/2007/09/30/magazine/30poll-t.html,2011年8月9日。

11 根据奈姆科(Nemko)的观点,美国2007年的130万名参加了ACT考试的高中毕业生中,仅有23%能够跟上大学中英语、数学、阅读和科学这些核心课程的要求(见奈姆科的文章:“评价最为过甚的美国产品”)。

第二章

1 自2008年起,在能够申请助学金的高校中,以营利为目的的学校的录取比例占了8%(罗兹:“历经四十年成长的发展,高等教育面临新挑战”)。

2 雷切尔·艾维(Rachel Aviv),“成人教育策略”(Strategy Adult Ed.),《纽约时报:教育生活》(New York Times Education Life),2008年11月2日,第六版。

第三章

1 弗雷德·托佩尔(Fred Topel),“与伍迪·艾伦的餐边谈话”(Dish Talks to Woody Allen),《餐饮杂志》(Dish Magazine),来自网页http://dishmag.com/issue84/celebrity/8350/dish-talks-to-woody-allen/,2011年3月24日。

2 NDT资源中心(NDT Resource Center),“了解不同的学习风格”(Understanding Different Leaning Styles),来自网页http://www.ndt-ed.org/TeachingResources/ClassroomTips/Learning_Styes.htm,2010年12月23日。

第四章

1 “A已沦为B”(A as the New B),《纽约时报》,2010年4月18日,来自网页http://nytimes.com/imagepages//2014/04/18/education/edlife/20100418-Edlife-Data-gr.html? src=tptw,2010年12月23日。

2 艾丽西亚·C.谢帕德(Alicia C. Shepard),“大家都得A!”(A's for Everyone!),《华盛顿邮报》,2005年6月5日,来自网页http://washingtonpost.com/wp-dyn/content/article/2005/06/02/AR2005060201593.html,2010年12月23日;斯图尔特·罗伊斯塔柴尔(Stuart Rojstaczer),“分数贬值无法控制”(Grade Inflation Gone Wild),《基督科学箴言报》,2009年3月24日,来自网页http://www.csmonitor.com/Commentary/Opinion/2009/0324/p09s02-coop.html,2010年12月23日。

3 本杰明·S.布鲁姆(Benjamin S. Bloom),《教育目标分类学之第一册:认知领域》(Taxonomy of Educational Objectives, Handbook I: Cognitive Domain),纽约:大卫·麦凯出版公司(David Mckay Co.),1956年。

4 劳瑞恩·安德森和大卫·克拉斯沃尔(Lorin Anderson and David Krathwohl)编,“学习、教学及评估分类学:布鲁姆的教育目标分类学之改进”(A Taxonomy for Learning, Teaching and Assessing: A Revision of Bloom's Taxonomy of Educational Objectives),纽约:朗文出版社,2001年;大卫·克拉斯沃尔(David Krathwohl),“布鲁姆的分类学之改进:综述”(A Revision of Bloom's Taxonomy: An Overview),《理论走向实践》(Theory into Practice),2012年,第41期,第212—218页。

5 露西·C.雅各布斯(Lucy C. Jacobs),“掌握答题方法:构建答案技巧指南”(How to Write Better Tests: A Handbook for Improving Test Construction Skills),《印第安纳大学评估服务与测试》(IUB Evaluation Services & Testing),来自网页http://www.indiana,edu/-best/write_better_tests.shtml,2010年12月23日。

6 罗伯特·昂特(Robert Runte),“答题技巧”(Test Wise Tricks)(学生讲义,1995年),来自网页http://www.uleth.ca/edu.runte/tests/take/mc/how.html#Tricks,2010年12月23日。

7 乔舒亚·S.鲁宾斯坦,大卫·E.梅耶和杰弗里·E.埃文斯(Joshua S. Rubinstein, David E. Meyer and Jeffery E. Evans),“任务转换中认知过程的执行控制”(Executive Control of Cognitive Processes in Task Switching),《实验心理学期刊:人类认知与表现》(Journal of Experimental Psychology: Human Per-

ception and Performance),2001 年,第 27 期,第 763—797 页。

8 马特·里奇泰尔(Matt Richtel),“人脑依附电脑:技术上的依赖及代价”(Your Brain on Computers: Attached to Technology and Paying a Price),《纽约时报》,2010 年 6 月 6 日,来自网页 http://www.nytimes.com/2010/06/07/technology/07brain.html?_r=1.,2010 年 12 月 23 日。

9 “关于睡眠的知识”(Facts about Sleep),《大学生精神健康》(campusmindworks),来自网页 http://www.campusmindworks.org/students/self_care/sleep.asp,2010 年 12 月 23 日。

10 “睡眠”(Sleep),《科学新思维》(Nova Science Now),来自网页 http://www.pbs.org/wgbh/nova/body/sleep.html,2010 年 12 月 23 日。

11 肯德拉·戴维斯和迈克·马蒂诺里(Kendra Davis and Mike Martinoli),“红牛令你产生……a) 震颤;b)焦虑;c)失眠;d)以上均有”,《维拉诺瓦》(The Villanovan),2010 年 2 月 10 日,来自网页 http://www.villanovan.com/featrues/red-bull-gives-you-a-tremors-b-anxiety-c-insomnia-d-all-the-above-1.1123462,2010 年 12 月 23 日。

12 琼·奥莱克(Joan Oleck),“大部分高中生承认作过弊”(Most High School Students Admit to Cheating),《学校图书馆期刊》(School Library Journal),2008 年 3 月 10 日,来自网站 http://www.schoollibraryjournal.com/article/CA6539855.html,2010 年 12 月 23 日;埃米莉·萨其尔(Emily Sachar),“研究表明 60% 的美国高中生作过弊,28% 偷过东西”,(60% of U.S. High School Students Cheat,28% Steal,Study Finds),彭博新闻社,2006 年 10 月 14 日,来自网页 http://www.bloomberg.com/apps/news?pid=newsarchived&sid=aYvMinAiKtPk,2010 年 12 月 15 日。

第五章

1 瓦莱丽·施特劳斯(Valerie Strauss),“弗吉尼亚州历史教科书中的错误的极端讽刺意义”(The Rich Irony in Virginia's History Textbook Error),答题纸(Answer Sheet),《华盛顿邮报》,2010 年 10 月 20 日,来自网页 http://voices.washingtonpost.com/answer-sheet/curriculum/the-rich-irony-in-virginias-hi.html,2010 年 10 月 22 日。

2 凯文·西埃夫(Kevin Sieff),《弗吉尼亚州四年级教科书因关于联邦黑人士兵的陈述而遭受批评》(Virginia 4th-Grade Textbook Criticized Over Claims on Black Confederate Soldiers),《华盛顿邮报》,2010 年 10 月 20 日,来自网页 http://www.washingtonpost.com/wp-dny/content/article/2010/10/19/AR2010101907974.

html? hpid=topnews,2010 年 10 月 22 日。

3 同上。

4 同上。

5 这个过程称为双盲,因为作者和评阅者都不知道对方的身份。作品发表时,评阅者会知道作者的身份,但除非评阅者向作者公布身份(许多评阅者不会这么做),作者永远不会知道是谁评阅了他们的文章。

6 "艾尔·弗兰肯语录"(Al Franken Quotes),《艾尔·弗兰肯之感》(Al Franklin Sense),来自网页 http://www.alfrankensense.com/al_franken_quotes.html,2010 年 11 月 17 日。

7 艾伦·古特曼(Allen Guttman),"从《泰比》到《白鲸记》:梅尔维尔的暗喻艺术"(From Typee to Moby Dick: Melville's Allusive Art),《现代语言季刊》,第 24 期,第三卷,237—244 页,来自网页 http://mlq.dukejournals.org/cgi/pdf_extract/24/3/237,2010 年 10 月 27 日。

8 "《白鲸记》里的圣经隐喻和神话隐喻"(Biblical and Mythological Allusions in Moby Dick),来自网页 http://www.123helpme.com/view.asp? id=3727,2010 年 10 月 27 日。

9 "关于 ICPSR"(About ICPSR),美国大学间政治与社会学研究联合会(Inter-University Consortium for Political and Social Research),来自网页 http://www.icpsr.umich.edu/icpsrweb/ICPSR/org/index.jsp; jsessionid = D40CC3461CB5B772F72C4517CFC1FF96,2010 年 10 月 27 日。

10 "写作技巧"(Writing Tips),汉密尔顿(Hamilton),来自网页 http://www.hamilton.edu/tip,2010 年 11 月 1 日。

11 在这方面,汉密尔顿学院有一个有代表性的网站,网址是 http://www.hamilton.edu/tip。

12 艾伯利卓越教学中心和跨文化交流中心(Eberly Center for Teaching Excellence and Intercultural Communication Center),"认识与应对课堂上的文化差异"(Recognizing and Addressing Cultural Variations in the Classroom),来自网页 http://www.cmu.edu/teaching/resources/PublicationtionsArchives/InternalReports/culturalvariations.pdf,2010 年 11 月 2 日。

13 威廉·莎士比亚,"哈姆雷特",第三幕,第一场。

14 他们当中甚至有一人于 2010 年厚颜无耻地为《高等教育年鉴》撰文,称自己通过为学生写论文每年可收入 66 000 美元。(艾德·但丁(Ed Dante),"影子学者"(Shadow Scholoar),《高等教育年鉴》(Chronicle of Higher Education),2010 年 11 月 12 日,来自网址 http://chronicle.com/article/The-Shadow-

Scholar/125329/,2010 年 12 月 14 日。)

15 他的经历形象反映了 R2C2 的典型商业模式,即搜索在线论文,并将其作为原创论文向学生出售。有趣的是,2010 年 9 月,R2C2 卷入一桩集体诉讼案件中,以有悖于自身业务的方式终结了这场诉讼:它最终同意关掉自己的网站,退出论文市场。佩奇·查普曼(Paige Chapman),“论文工厂官司解决”(Settlement Reached in Essay-Mill-lawsuit),《高等教育年鉴》(Chronicle of Higher Education),2010 年 10 月 25 日,来自网站 http://chronicle.com/blogs/wiredcampus/settlement-reached-in-essay-mill-lawsuit/27852,2010 年 12 月 14 日。

第六章

1 E.弗兰克·斯蒂芬森(E. Frank Stephenson),“考试是否会危害你祖母的健康?”(Is this Exam Hazardous to Your Grandmother's Health?),《大西洋经济期刊》(Atlantic Economic Journal),2003 年,第 31 期,第 384 页。

2 “关于大麻的事实与数据”(Marijuana Facts and Figures),国家药物控制政策办公室(Office of National Drug Control Policy),来自网页 http://whitehouse-drugpolicy.gov/drugfact/marijuana_ff.html,2011 年 3 月 2 日。

3 作家兼专栏作者约翰·范斯坦(John Feinstein)经常嘲笑全国大学生体育协会(NCAA)的这种做法,称对它这样一个一心想赚钱的机构而言,这种做法不过是个神话。范斯坦(Feinstein),“只有 NCAA 才感兴趣的篮球锦标赛”(A Basketball Tournament only the NCAA Would Love),《华盛顿邮报》,2010 年 4 月 6 日。

4 “在你没有明确计划、大人问你有何计划时怎样对付他们”(How to Survive Grow-Ups Asking You What Your Plans Are When You Have No Idea What Your Plans Are),《LSA 杂志》(LSA Magazine),2009 年春季刊,第 30 页。